"十二五"国家重点图书出版规划项目

中国史话
社会系列

石嘴山史话

A Brief History of Shizuishan

彭友东　主编

社会科学文献出版社
SOCIAL SCIENCES ACADEMIC PRESS (CHINA)

《中国史话》编辑委员会

主　　任　陈奎元

副 主 任　武　寅　高　翔　晋保平　谢寿光

委　　员　（以姓氏笔画为序）

　　　　　　卜宪群　马　敏　王　正　王　巍
　　　　　　王子今　王建朗　邓小南　付崇兰
　　　　　　刘庆柱　刘跃进　孙家洲　李国强
　　　　　　张国刚　张顺洪　张海鹏　陈支平
　　　　　　陈春声　陈祖武　陈谦平　林甘泉
　　　　　　卓新平　耿云志　徐思彦　高世瑜
　　　　　　黄朴民　康保成

秘 书 长　胡鹏光　杨　群

副秘书长　宋月华　薛增朝　黄　丹　谢　安

《石嘴山史话》编辑委员会

主　　任　彭友东

副 主 任　王永耀　李文华　金　花

编　　委　路东海　李光云　袁　芳　田惠丽
　　　　　童　刚　孙建伟　蔡　菊　李　彬
　　　　　朱　剑　曾养民

总　　纂　尤文广

撰　　稿　贾长安　张振豪

编　　辑　曾朝瑞　贾　宁

校　　对　李文忠　朱军荣

总　序

中国是一个有着悠久文化历史的古老国度，从传说中的三皇五帝到中华人民共和国的建立，生活在这片土地上的人们从来都没有停止过探寻、创造的脚步。长沙马王堆出土的轻若烟雾、薄如蝉翼的素纱衣向世人昭示着古人在丝绸纺织、制作方面所达到的高度；敦煌莫高窟近五百个洞窟中的两千多尊彩塑雕像和大量的彩绘壁画又向世人显示了古人在雕塑和绘画方面所取得的成绩；还有青铜器、唐三彩、园林建筑、宫殿建筑，以及书法、诗歌、茶道、中医等物质与非物质文化遗产，它们无不向世人展示了中华五千年文化的灿烂与辉煌，展示了中国这一古老国度的魅力与绚烂。这是一份宝贵的遗产，值得我们每一位炎黄子孙珍视。

历史不会永远眷顾任何一个民族或一个国家，当世界进入近代之时，曾经一千多年雄踞世界发展高峰的古老中国，从巅峰跌落。1840年鸦片战争的炮声打破了清帝国"天朝上国"的迷梦,从此中国沦为被列强宰割的羔羊。一个个不平等条约的签订,不仅使中国大量的白银外流,更使中国的领土一步步被列强侵占,国库亏空,民不聊生。东方古国曾经拥有的辉煌,也随着西方列强坚船利炮的轰击而烟消云散,中国一步步堕入了半殖民地的深渊。不甘屈服的中国人民也由此开始了救国救民、富国图强的抗争之路。从洋务运动到维新变法,从太平天国到辛亥革命,从五四运动到中国共产党领导的新民主主义革命,中国人民屡败屡战,终于认识到了"只有社会主义才能救中国,只有社会主义才能发展中国"这一道理。中国共产党领导中国人民推倒三座大山,建立了新中国,从此饱受屈辱与践踏的中国人民站起来了。古老的中国焕发出新的生机与活力,摆脱了任人宰割与欺侮的历史,屹立于世界民族之林。每一位中华儿女应当了解中华民族数千年的文明史,也应当牢记鸦片战争以来一百多年民族屈辱的历史。

当我们步入全球化大潮的21世纪,信息技术革命迅猛发展,地区之间的交流壁垒被互联网之类的新兴交流工具所打破,世界的多元性展示在世人面前。世界上任何一个区域都不可避免地存在着两种以上文化的交汇与碰撞,但不可否认的是,近些年来,随着市场经济的大潮,西方文化扑面而来,有些人唯西方为时尚,把民族的传统丢在一边。大批年轻人甚至比西方人还热衷于圣诞节、情人节与洋快餐，对我国各民族的重大节日以及中国历史的基本知识却茫然无知，这是中华民族实现复兴大业中的重大忧患。

中国之所以为中国，中华民族之所以历数千年而不分离，根基就在于五千年来一脉相传的中华文明。如果丢弃了千百年来一脉相承的文化，任凭外来文化随意浸染，很难设想13亿中国人到哪里去寻找民族向心力和凝聚力。在推进社会主义现代化、实现民族复兴的伟大事业中，大力弘扬优秀的中华民族文化和民族精神，弘扬中华文化的爱国主义传统和民族自尊意识，在建设中国特色社会主义的进程中，构建具有中国特色的文化价值体系，光大中华民族的优秀传统文化是一件任重而道远的事业。

当前，我国进入了经济体制深刻变革、社会结构深刻变动、利益格局深刻调整、思想观念深刻变化的新的历史时期。面对新的历史任务和来自各方的新挑战，全党和全国人民都需要学习和把握社会主义核心价值体系，进一步形成全社会共同的理想信念和道德规范，打牢全党全国各族人民团结奋斗的思想道德基础，形成全民族奋发向上的精神力量，这是我们建设社会主义和谐社会的思想保证。中国社会科学院作为国家社会科学研究的机构，有责任为此作出贡献。我们在编写出版《中华文明史话》与《百年中国史话》的基础上，组织院内外各研究领域的专家，融合近年来的最新研究，编辑出版大型历史知识系列丛书——《中国史话》,其目的就在于为广大人民群众尤其是青少年提供一套较为完整、准确地介绍中国历史和传统文化的普及类系列丛书,从而使生活在信息时代的人们尤其是青少年能够了解自己祖先的历史,在东西南北文化的交流中由知己到知彼,善于取人之长补己之短,在中国与世界各国愈来愈深的文化交融中,保持自己的本色与特色,将中华民族自强不息、厚德载物的精神永远发扬下去。

《中国史话》系列丛书首批计200种,每种10万字左右,主要从政治、经济、文化、军事、哲学、艺术、科技、饮食、服饰、交通、建筑等各个方面介绍了从古至今数千年来中华文明发展和变迁的历史。这些历史不仅展现了中华五千年文化的辉煌,展现了先民的智慧与创造精神,而且展现了中国人民的不屈与抗争精神。我们衷心地希望这套普及历史知识的丛书对广大人民群众进一步了解中华民族的优秀文化传统,增强民族自尊心和自豪感发挥应有的作用,鼓舞广大人民群众特别是新一代的劳动者和建设者在建设中国特色社会主义的道路上不断阔步前进,为我们祖国美好的未来贡献更大的力量。

陈奎元

2011年4月

出版说明

自古至今，始终坚持不懈地从漫长的文明进程中不断总结历史经验教训，从中汲取有益营养，从而培植广阔的历史视野，并具有浓厚的历史意识，这是我们中国文化独有的鲜明特征，中华民族亦因此而以悠久的"重史"传统著称于世。在整个人类文明史上独一无二、系统完备的"二十四史"即证明了这一点。

中华人民共和国成立后，历史知识普及工作被放到十分重要的位置。20世纪五六十年代，著名历史学家吴晗主持编写的《中国历史小丛书》，90年代中国社会科学院院长胡绳组织编写的《中华文明史话》和《百年中国史话》，成为"大家小书"的典范，而后两套历史知识普及丛书正是《中国史话》之缘起。

2010年年初，为切实贯彻中央关于"做好历史知识普及工作"的指示精神，同时也为了更好地弘扬中国传统文化，我们对《中华文明史话》和《百年中国史话》

两套丛书的内容进行了修订和增补,重新设计框架,以"中国史话"为丛书名出版。第十一届全国政协副主席、时任中国社会科学院院长陈奎元亲任《中国史话》一期编委会主任,时任中国社会科学院副院长武寅任编委会副主任。正是有了各级领导的关心支持和诸多学术名家的积极参与,《中国史话》一期200种图书得以顺利出版,并广受好评。

《中国史话》丛书的诞生,为历史知识普及传播途径的发展成熟,提供了一种卓具新意的形式。这种形式具有以通俗表述、适中篇幅和专题形式展现可靠历史知识的特征。通俗、可靠、适中、专题,是史话作品缺一不可的要素,也是区别于其他所有研究专著、稗官野史、小说演义类历史读物的独有特征。

囿于当时条件,《中国史话》一期的出版形式不尽如人意,其内容更有可以拓展的广阔空间,为此2013年4月我们启动了《中国史话》二期出版工作。《中国史话》二期分为经济、政治、文化、社会和生态五大系列,拟对中国各区域、各行业、各民族等的发展历史予以全方位介绍。我们并将在适当时机,启动《世界史话》的出版工作。史话总规模将达数千种。

我们愿携手海内外专家学者,将《中国史话》《世界史话》打造成以现代意识展现全部人类历史和人类文明,集学术性、知识性、趣味性于一体的"万有文库"；并将承载如此丰厚内容的史话体写作与出版努力锻造成新时期独具特色的出版形态。

希望史话丛书能在形塑民族历史记忆、汲取人类文明精华、培育现代国民方面有所贡献，并为广大读者所喜爱。

史话编辑部
2014年6月

目录
Contents

序 ··· 1

引 言 ··· 1

一 **古代的沧桑变迁** ·· 3
  1. 人类文明的摇篮 ··· 3
  2. 秦汉的筑障固边与移民设县 ······························ 6
  3. 李唐的定远扬威与党项的立国拓疆 ····················· 14
  4. 蒙元的克夷门之战与明廷的歼虏平乱 ·················· 21
  5. 明清时期的经济发展与民众的反清反帝斗争 ········· 31

二 **近现代的风雷激荡** ·· 41
  1. 建立顺南革命政府 ··· 41
  2. 军阀混战 民不聊生 ··· 44

3. 星火燎原 ………………………………… 50
　　4. 军民抗战 ………………………………… 58
　　5. 迎来曙光 ………………………………… 67

三　当代的蓬勃发展 …………………………… 74
　　1. 石嘴山新政权的建立 …………………… 74
　　2. 抑制恶性通货膨胀 ……………………… 76
　　3. 煤炭工业的蓬勃发展 …………………… 77
　　4. 五湖四海石嘴山 ………………………… 81
　　5. 环境整治　旧貌换新颜 ………………… 86
　　6. 经济社会转型大发展 …………………… 92
　　7. 城乡发展日新月异 ……………………… 98

四　建置沿革及历史名人 ……………………… 101
　　1. 建置沿革 ………………………………… 101
　　2. 历史名人 ………………………………… 107

五　人文古迹与现代景观 ……………………… 115
　　1. "活化石"四合木 ……………………… 115
　　2. 贺兰岩画 ………………………………… 119
　　3. 长城烽燧 ………………………………… 126
　　4. 沙湖景区 ………………………………… 135
　　5. 星海湖 …………………………………… 137
　　6. 中华奇石山 ……………………………… 138
　　7. 北武当生态旅游景区 …………………… 141

序

黄河穿东过，

沙湖映贺兰。

塞上通达地，

活力石嘴山。

  城市的历史是城市的血脉。在中华文明绵延几千年的历史演进中，每一座城市都形成了独特的历史文化。石嘴山位于宁夏北端，东、北、西与内蒙古毗邻，南与宁夏首府银川市接壤，依山（贺兰山）傍水（黄河），处于山水之交，古为战略要地。秦汉以来，历代王朝多在市境内设亭障，筑关隘，建城池，驻军卒，是北部设防要塞。

  石嘴山是国家"一五"时期布局建设的十大煤炭工业基地之一，三线建设重要的布局点，宁夏工业的摇篮。五十多年来，来自全国各地的几十万建设者们在这里交汇交融，开发开拓，艰苦奋斗，把石嘴山建设成为一座充满活力的工业城市、开放包容的移民城市、山河湖交相辉映的美丽城市，形成了"五湖四海、自强不息"的石嘴山精神，铸就了开放包容、海纳百川的文化特征和城市品格。

历史是前人的实践和智慧之书。《石嘴山史话》内容从古至今，跨越两千多年，全面系统地再现了石嘴山的历史发展变迁过程，它既是石嘴山的历史记录与文化传承，也是宣传石嘴山、弘扬石嘴山精神的优良媒介。

读史可以明智，知古方能鉴今。我们学习历史，就是要结合我们正在干的事业和正在做的事情，继承发展优良传统和优秀文化，善于借鉴各种有益经验，凝聚全市人民的智慧和力量，着力推进民生、产业、生态转型发展，加快建设开放富裕和谐美丽的新型工业城市，在全区率先全面建成小康社会，共同创造石嘴山更加美好的明天。

是为序。

中共石嘴山市委书记
市人大常委会主任

二〇一三年七月二十日

引 言

  石嘴山位于宁夏回族自治区的最北端，东濒滔滔黄河水，西依巍巍贺兰山，北临黄河水，南连银川平原。北、东、西三面与内蒙古毗邻，南与银川市兴庆区、贺兰县接壤，因"山石突出如嘴"而得名。

  石嘴山是宁夏工业的摇篮，自建市以来工业一直在全区经济发展中居于领先地位，因生产无烟煤而闻名中外，号称"塞上煤城"。石嘴山电力资源丰富，交通便捷，工业矿产资源丰富，现已探明有金属和非金属等十多种矿藏，尤以煤、硅石、黏土等非金属矿藏蕴藏量大。

  石嘴山不仅是一座"因煤而兴"的工业城市，也是一座具有悠久历史的城市。早在4万至1.5万年前，人类就已在这块古老的土地上繁衍生息。悠久古老的历史造就了石嘴山丰富深厚的文化底蕴，市境内长城逶迤，烽燧众多，名胜古迹随处可见；贺兰山险峻奇崛，雄姿英发；黄河水舒展平缓，昼夜奔流不息。石嘴山通衢南北，连接西东，是西部重要的内陆口岸。

这里既有贺兰山岩画、古长城遗址、古生物化石、北武当庙等文物古迹，又有大武口森林公园、大武口星海湖（北沙湖）水上公园、惠农万亩枸杞园、万亩红柳园、平罗万亩生态林等现代景观。北武当古庙静谧深邃，300年来香火不断；星海湖绿水绕芦，金沙筑岛，碧波荡漾，群鸟竞翔；昔日金戈铁马的兵沟大峡谷现已成为蜚声中外的影视外景基地。

这里的古化石资源广博丰富，贺兰山岩画文化历史悠久；长城、黄河文化交相辉映，大漠和草原文化交汇呈现；西夏文化积淀深厚，佛道儒教文化包容共生；历史名人逸事广为流传，回族风情特色浓郁。这里的每一件文物古迹都饱经历史沧桑，记录着神秘的故事。多元文化交融交汇，是前人和大自然赐予石嘴山的十分宝贵的历史文化遗产与自然资源。

今日石嘴山

一　古代的沧桑变迁

1 人类文明的摇篮

石嘴山地区早在4万至1.5万年前就已有原始人聚居生活。在今平罗县陶乐镇南部发现的水洞沟旧石器时代文化遗存，就是最好的实证。宁夏文物考古研究所专家牛达生、杜玉冰在其《石嘴山地区原始社会文化遗存》（载于《石嘴山史志》1989年第1期）中指出："水洞沟发源于灵武县境，经陶乐县（今石嘴山市平罗县陶乐镇）南境流入黄河。在石嘴山市境内，也曾发现过类似水洞沟类型的石器。只要不拘泥于现在的行政区划，水洞沟时代的人类，就是石嘴山地区最早活动的人类，就是石嘴山地区最早的文化。"

人类在经过漫长的旧石器时代之后，大约在距今八九千年至三四千年前，进入新石器时代。在距今大约四五千年前，人类在贺兰山东麓的活动更为频繁。在石嘴山市发现的新石器时代文化遗存表明，人类大多选择在水草丰美，既能放牧又能保障人畜饮水需要的场所周围生活。已考古发掘的今平罗暖泉、明水湖、沙湖墩、惠农燕子墩、陶乐高仁镇、程家湾、察汗埂等地的新石器时代文化遗址和分布于贺兰山沟谷的早期岩画，均表现了远古游牧民族经济生活、社会风貌和原始宗教的鲜明特征。

其中，暖泉新石器时代遗址位于平罗县西南58公里的暖泉村，遗址位于贺兰山洪积扇上。这里不仅发现了细石器、陶器、石磨盘等文物，还发现了当时人类居住的房址。房址为单间，浅地穴式，略呈方形圆角，边长3米左右，朝东设有狭长的门道，供人出入。房址中心对门的方向，设一圆形火膛，以便炊煮、取暖和照明用。火膛后置一红色夹砂圆底罐，可供保存火种。火膛旁边有加工食物的器具石磨盘和磨棒等。以上这些说明人类已开始在这里定居，并出现了原始村落。该房址与西安半坡仰韶文化房址相似，对研究原始社会居民住房和生活习俗，具有重要意义。

明水湖新石器时代遗址位于平罗县西北9公里的简泉农场机砖厂附近。这里原是古湖泊，遗址靠近湖边，北靠长城，周边被沙丘环绕，面积约300平方米。由于流沙覆盖，发现遗存不多，遗物多集中在北长城的一个豁口内。地表发现用燧石打制的石锥、石刮削器、石叶、石片、石核等细小石器40件，同时还发现泥质红陶、夹砂灰陶陶片和石珠等。

2006年，宁夏文物考古工作者对位于石嘴山市境内涝坝沟的一处石器遗址进行了考证，初步鉴定其为新石器时代文化遗址，距今约有4500年的历史。该遗址位于涝坝沟北侧200米，面积约5000平方米，文化堆积厚约0.2~0.5米，地面散布有石核、刮削器、叶状器等。该遗址距石嘴山市约10公里，北侧位于贺兰山一泄洪沟，阶地距山顶80米左右，距离石刻塔60米。在居址5000平方米的范围内发现有4处遗址和陶片，可辨器形有罐、盆遗片等。这一发现证明，在新石器时代早期先民就已在贺兰山北端居住，这为研究贺兰山人类文化的形成提供了重要依据，也可以推测出贺兰山岩画的形成与这些早期先民有着密切的关系。

暖泉新石器时代遗址

2 秦汉的筑障固边与移民设县

蒙恬筑障固边

由于位置突出，地形险要，石嘴山在历史上就是历代王朝的北部设防地带，以宁夏北部的"咽喉""锁钥"著称。秦始皇统一中国前，今石嘴山市全境也是游牧部族的驻牧之地。后来，这些名称各异的部落逐渐融合为强盛的匈奴族，成为燕、赵、秦的北面边患。公元前222年，匈奴的两个部落趁秦灭六国大战中原之机，悄悄渡黄河南下，进入水草丰美的河南地（今黄河河套西北部，包括石嘴山市境），控制了整个石嘴山地区，成为新生的秦帝国的心腹大患。

公元前215年，秦始皇巡视北部边防，行至上郡（今陕西榆林西南）时，为他求长生不老之药的卢生上奏说，他发现记载预言的"谶书"上有"亡秦者胡也"的字样。在古代，中原汉人一般把北方、西方各游牧民族统称为"胡人"。秦始皇闻之心神不宁。为消除北部匈奴侵扰之患，秦始皇于当年就派遣大将蒙恬统领30万秦军北击匈奴。

蒙恬，齐国（今山东）人，祖父蒙骜，是战国时期秦国的著名将领，官至上卿，曾在秦国统一六国的战争中立下汗马功劳。始皇二十六年（公元前221），蒙恬被封为将军，因破齐大获全胜，被拜为内史（管理京城的最高行政长官）。

蒙恬率军经过多次大战，终于将匈奴驱逐到阴山以北的漠北地区，收复了河套地区的黄河以南各地，今石嘴山全境也完全被纳入秦王朝的版图。为了更好地防御匈奴的侵犯,秦始皇命令蒙恬沿黄河一线修筑长城。蒙恬把战国时期秦、赵、燕等国的长城连接起来,并进一步加固和增筑,修成了西起临洮(今甘肃岷县),东到辽东,逶迤绵延1万余里的长城(这就是当今世界著名的万里长城)。

蒙恬在修筑万里长城的同时,于始皇三十三年(公元前214)开始在险要地段设置要塞,构建军事防御体系。一是"城河上以为塞",从榆中至河东沿黄河修建34(一作44)座县城临河;二是沿黄河内侧"筑亭障以御戎人"。宁夏境内395公里的黄河流域,当时修筑了两个障,一个叫神泉障,位置在今吴忠市利通区金积镇以西;另一个就是塞外浑怀障,在今石嘴山市黄河东岸的平罗县陶乐镇南部。

浑怀障(仿古建筑)

秦朝时的塞外浑怀障在富平县境内。当时富平县辖区很广，南至中卫市，北至石嘴山市河东陶乐灌区，包含了今天宁夏整个黄河自流灌溉区。浑怀障近200公里的防线上驻守了上千官兵。为了补充粮草，秦朝在筑塞外浑怀障的第二年，即公元前213年，实行了两项移民政策：一是"徙谪戍"，把犯有轻罪的囚徒，流放到新建的亭、障、城戍守；二是移民"实之初县"，往新设置的县迁移内地汉民。这样，塞外浑怀障就迎来了第一批城民，石嘴山地区得到了首次开发，蒙恬被认为是石嘴山地区最早的开发者。

自从蒙恬被秦二世与赵高逼迫自杀后，守御浑怀障和其他城障的士卒溃散，匈奴各部族在冒顿单于的治理下，趁机侵占了包括今石嘴山地区在内的整个河南地。到汉文帝时，匈奴的势力已扩张到秦长城一线，即今固原市南部，不断到内地掳掠。此后，汉朝廷采取和亲、移民实边、加强边防、输米入边、外交谈判等各种对策，但终不能制止匈奴的南侵。

卫青、霍去病征伐匈奴

汉武帝在位时，国力强盛，开始大规模对匈奴用兵。其中，最大的战役有三次：一是卫青收复河南地之战，二是霍去病祁连山麓之战，三是卫青、霍去病等漠北之战。

元光五年（公元前130），汉武帝派兵出击匈奴，兵分四路，各领万骑。拜卫青为车骑将军，出上谷；太仆公孙贺为轻车将军，出云中；大中大夫公孙敖为骑将军，出代郡；卫尉李广为骁骑将军，出雁门。其余三路皆败，"飞将军"李广也被俘，唯有卫青大获全胜，一直追到匈奴的王庭龙城，斩首数百而归。首战告捷,卫青被封为关内侯。此后,卫青作为汉军统帅,多次率兵与匈奴恶战,其中与石嘴山地区有关的是收复河南地的河南之战。

元朔二年(公元前127),卫青率3万骑进入鄂尔多斯草原,与长期盘踞在河南地的白羊王、楼烦王激战,转战3000里至陇西,俘敌数千,获马、牛、羊百余万。这次战役,是汉朝与匈奴军事对峙的转折点,卫青不但派部属修复了秦蒙恬所筑的县城、亭障,沿黄河西起今银川市、东北至榆林构建了军事防御体系,还在今杭锦后旗筑朔方城,建朔方郡,史书称之为"筑卫朔方"。河南之战后,整个石嘴山地区回归了汉朝版图,从此安定了200多年。

霍去病(公元前140~前117),河东郡平阳县(今山西临汾西南)人,西汉名将,他母亲是卫青的姐姐。在舅舅卫青的影响下,霍去病自幼刻苦练习骑射,养成吃苦耐劳、坚毅果敢的性格。元朔六年(公元前123),18岁的霍去病被汉武帝任命为骠姚校尉,随卫青征讨匈奴于漠南(今蒙古高原大沙漠以南),以轻骑800深入敌后数百里,斩首2028人,杀死单于的祖父,俘虏单于的国相及叔叔。两年后,又被封为骠骑将军,袭击退到河西走廊的匈奴主力,斩首3万余,俘获更多。同年秋,霍去病奉命接应率众降汉的匈奴浑邪王,率部驰入匈奴军中,斩杀叛者,浑邪王率数万余众归汉。从此,汉朝控制河西走廊,设立了河西四郡,也打通了通往西域的道路。

元狩四年(公元前119)夏,霍去病与卫青各率5万骑深入漠北进击匈奴,大败左贤王部,乘胜追击到狼居胥山(今蒙古国肯特山）一带，一直打到瀚海（今俄罗斯贝加尔湖），共歼敌7万余人。这一役后，霍去病威震匈奴，后升任大司马。汉武帝为了表彰他专门命人为他建造府第，霍去病婉言谢绝，留下了"匈奴未灭，何以家为"的千古名句。元狩六年（公元前117），年仅24岁的霍去病英年早逝。汉武帝下令将霍去病的坟墓修成祁连山的模样，彰显他力克匈奴、夺取河西的奇功。

卫青与霍去病数击匈奴，各有一次经过了今石嘴山市境内。在元朔二年（公元前127）卫青收复河南地的河南之战中，据《史记·卫将军骠骑列传》记载，战前汉武帝的部署是，命令卫青"出云中以西至高阙"。但战场的情况瞬息万变，于是就出现了战事结束后汉武帝描述的一段话："今车骑将军青渡西河至高阙，绝梓岭，梁北河……"西河就是今石嘴山市至内蒙古五原一段的黄河。对此，《水经注》有明确记载："河水又东北迳廉县故城东，王莽之西河亭。"西汉廉县在今石嘴山市平罗县下庙乡暖泉村三队，王莽时因其城之东有西河流过，所以改名西河亭。从地图上也可以解释清楚：河套地区的黄河呈"几"字形，西面的叫西河；从内蒙古托克托县到山西壶口一段在东面，故名东河；包头到托克托一段因在最北，故称北河。数万大军要渡西河，必得架桥梁，所以叫"梁北河"。唐张守节《史记正义》引《括地志》云："梁北河在灵州界。"但唐灵州北境一度管到内蒙古五原。

卫青这次长途奔袭的线路就是从长安向北经陕西淳化、靖边进入鄂尔多斯，然后向西北追击至石嘴山市河东地区，又沿黄河东岸追击至五原县，架浮桥（按当时的科技水平，所架之桥应是浮桥）西渡黄河，向北追至高阙。后因匈奴主力沿黄河西岸向南逃窜，卫青又折向南，经贺兰山东麓追至陇西，其间又经过今石嘴山的河西地区。

霍去病在元狩二年（公元前121）夏对匈奴进行的祁连山之战中也经过了今石嘴山地区。这次战役兵分四路，东边为李广、张骞两路，俱出右北平；西边为霍去病、公孙敖两路，俱出北地郡（今甘肃庆阳马岭，在今石嘴山附近）。这次战役，霍去病虽失去联系孤军作战，但他却大获全胜。休屠王全军覆没，被斩首的达3万多人，被俘的更多，包括王公大臣、妻妾王子，数万精骑尽皆逃散。经过这次战役，匈奴元气大伤。

移民设县

卫青、霍去病驱逐匈奴后，河套以南成为安宁之乡。汉武帝采纳了平津侯主父偃的奏议开始开发此地，并开始向北地郡的富平县、灵州县、廉县大规模移民。据《史记》《汉书》的记载，元狩二年（公元前121），移入关东贫民；元狩三年（公元前120），山东因河水泛滥遭特大水灾，上百万灾民流离失所，朝廷将其中的70余万人安置到新秦中，其中也包括今天的石嘴山地区；元鼎六年（公元前111），汉武帝又下令从河南地调拨士兵60万，安排到各城、障，平时戍守、屯田，一旦有警，召之能战。今石嘴山市的河东地区，因属塞外浑怀障防区，是军屯的重点之一，当时在浑怀障屯田的士兵至少过万人。

经元狩年间的大规模移民后，石嘴山地区进入了历史上的第一个经济大开发时期。河西以发展牧业为主,河东主要发展农业。因为黄河以西的平原地区虽已有灌溉渠道,但渠水到不了石嘴山地区,因而只能以发展畜牧业为主。再者,汉武帝拓疆扩土主要靠骑兵,他特别重视养马。据《史记·平准书》记载,元鼎五年(公元前112),即设立廉县后的第三年,汉武帝进入北地郡打猎,看到道路上千里无亭徼(亭,西汉道路沿线十里设一亭,掌治安、警卫,兼管停留旅客及周围民事;徼,军事要塞),当即诛杀北地太守及其属官,同时下令"民得畜牧边县"。

廉县既属北地郡,又是最北面的"边县",牧草遍野,高过马腹,牧马业就成为重点发展的产业。为了使"畜牧边县"的政令得到落实,朝廷又制定了扶植政策,由官方给新迁入的移民无偿提供种马,每10匹种马,繁殖三年后,交给朝廷1匹马驹作为利息。除了养马,为解决生计,还要养羊、养牛。至于粮食种植,则成了副业。经过30年的开发,到汉昭帝时,廉县的人口数量已达万人左右,呈现出"水草丰美,土宜产牧,牛马衔尾,群羊塞道"的富足景象。

今石嘴山地区的河东部分,当时位于黄河的岔河东岸,因水流不急,各处都可引水溉田。既有灌溉之利,经济开发就以农业为主。浑怀障的戍田士卒就在这片土地上屯垦、穿渠引水,河东地区遂形成灌区。为了发展农业,汉武帝专门设搜粟都尉,任命赵过为首任都尉。赵过是中国历史上著名的农业专家,他首创"代田法",将田块分成三畦、三垄,既抗旱节水,又可按畦、垄轮作、间种。他亲自推广普及"代田法",

教百姓耕种，使该法成为北方普遍采用的耕作技术。在赵过的主持下，还创制了三脚耧等多种耕耘工具。其中的三脚耧，当时在石嘴山地区已广为使用。

随着大规模移民到河南地畜牧、屯垦，原有的行政区划已不适应管理的需要，汉武帝元狩四年（公元前119）前后，朝廷把河南地一分为二，划出西南部增设安定郡；新的北地郡下增设6个县，廉县是其中之一。据《汉书·地理志》记载，"廉，卑移山（今贺兰山）在西北"，为西汉北地郡19县之一。廉县位于全郡的北端，辖境包括今宁夏永宁县以北的银川市、石嘴山市，为管理屯田移民的行政中心，也是贺兰山东麓的边防要塞，是石嘴山市境内有史可考的第一个县级建置，距今2100余年。

经过西汉末年的战乱，各地人口锐减。到东汉时，朝廷按人口多少撤并郡县，北地郡从原辖19县减为6县，但廉县仍然保留。此时廉县仍属北地郡管辖，但其属地有所增加，即将西汉灵武县（治今青铜峡市邵岗镇）的北部（今贺兰县西部）划入。廉县不超过500户2000人，与西汉中期相比已是十去七八，但这里的牧场仍相当好。东汉中期，羌族、鲜卑族大量进入廉县。永和六年（141），声势浩大的羌族起义波及全境，朝廷下令将北地郡南徙关中，廉县县城被废弃。

关于廉县的遗址，据《水经注》记载，黄河"东北迳廉县故城东"，反映出北魏时期廉县遗址位于当时黄河河道西侧。宁夏考古工作者认为，平罗县下庙乡暖泉村三队的汉城遗址可能就是廉县县城（牛达生、许成：《贺兰山文物古迹考察与研究》）。

今下庙乡暖泉村的廉县遗址，由于农耕破坏，南北仅剩

200余米，东西只余100多米，但地表仍有大量灰陶、黑陶及夹砂红陶残片，还有少量卷云纹瓦当和残砖，均具汉代特征。20世纪50年代，当地群众在廉县遗址挖出过两只绳纹陶罐，一件罐高47厘米，口径22厘米，外壁有汉代的绳纹特征。20世纪80年代末，文物工作者到现场拾到一枚西汉时期的五铢钱。另外，在暖泉村还发现有规模较大的汉墓遗址，现存汉墓数十座。这些文物和遗址，都是汉代廉县城址的物证。

3 李唐的定远扬威与党项的立国拓疆

定远郡城威名扬

唐代早期分全国为十道，后增为十五道，今石嘴山地区多数时期属于关内道的灵州管辖。关内道，就是靠近京城的"内地"，也就是"京畿"地区，其行政建置与隋朝相比，变化很大。一是河东地区因黄河游荡冲刷，耕地大量减少，原设的历城郡不复存在，灵武县也迁往今青铜峡邵岗堡西。由此迄清末，河东地区再无郡、县级行政建置。二是河西地区在唐朝建立后130多年有军无县，没有行政建置，原有的临河郡、临河县在唐初即被撤销。开元盛世之后，人口日渐增加，才在今平罗县姚伏镇附近新设定远县，唐末升为警州。三是河西地区的军事地位日显重要，成为关内道、朔方军的屯兵重地。

天宝以前，整个关内道有数十州，包括今陕西秦岭以北、内蒙古中部和西部、宁夏全境、甘肃的陇东，一共才设了9个军府，其中石嘴山就占了两个——新昌军和定远军。修筑定远军城的是武则天时代两位名相张仁愿和郭元振。张仁愿于景龙元年（707）在今平罗县姚伏镇东筑定远城，6年后郭元振又在原地拓展重筑。又过了约20年，兵马倍增，原来的城池不敷使用，信安王李祎遂在城西另筑一城，取名羊马城，又称定远西城，为安置军马专用。

唐宪宗初年，吐蕃大举进入河套地区，河外六城中三城被攻陷，定远军城变为前沿阵地。元和十二年（817），吐蕃一面派使臣到长安议和，一面却暗中调兵遣将分路进攻平凉、灵州等地。朔方军北路的定远军首当其冲，经过浴血苦战，定远军大胜，斩敌首级2000。唐宪宗闻讯，当即扣留以论矩立为首的吐蕃使团，两年后才予释放。唐代大诗人王维《老将行》中的"贺兰山下阵如云"，就是对定远军城的真实描写。

唐代边城

党项拓土开疆

北宋政权建立后，赵匡胤设宴招待各节度使，"杯酒释兵权"。从此，朔方节度使不复存在，定远军也随之撤销，其间历时257年。

宋朝统一中原后，北方游牧民族党项羌族的一支以今宁夏为中心建立了一个地方割据政权，即西夏。此后，历史上出现了北宋、辽、西夏鼎立的局面，后为南宋、西夏、金相对峙。在这一时期，今石嘴山地区先后为北宋和西夏所拥有，同时作为北门的"锁钥"，也是相互防御的前沿和门户。

宋朝建立时，党项羌族的力量已十分强大。自从党项拓跋思恭在唐朝中和元年（881）封为夏国公后，在夏州（在今陕西境内）世代割据相袭。宋朝吸取唐朝灭亡的教训，决心消除地方割据势力隐患。宋真宗命当时的党项首领李继捧献上党项长期统治着的夏、银、绥、静、宥五州，结束了党项羌族世代割据的局面，实现了国家的统一。就在李继捧向宋朝献地之时，他的族弟——20岁的李继迁——却走上了反宋自立的道路。

李继迁出生于银川，高祖是拓跋思恭。李继迁听取了汉儒谋士张浦"避走漠北，安立室家，联络豪右，卷甲重来"的建议，诈称乳母病死要到郊外埋葬，将兵器藏在灵柩中，率数十名亲信逃出了银川，到了夏州东北300里的地斤泽（在今内蒙古鄂尔多斯市境内），以此为基地，走上了反宋的道路。他的目标是夺回陕北故地，然后向西发展，攻取灵州，占领西凉，为党项族谋取更广阔的发展领地。

灵州历来是中原王朝的西北门户，所辖河外五镇是北宋和党项争夺的焦点地带。李继迁若占领灵州，则可统一整个西北，与宋、辽抗衡。咸平四年（1001），李继迁率5万人马攻打灵州。

面对李继迁的进攻，宋廷内部出现了两种不同的意见。宋真宗力主保灵州，他派王超为西面行营都部署，率兵6万援助灵州。在久攻灵州不克的情况下，李继迁转而攻打灵州的外围军镇，意在使灵州变成孤城后再围攻。李继迁首先把目标指向灵州北端的威远军，想通过占领威远军达到围攻怀远镇的目的。

黄河西岸的威远军一带本就是蕃族居住之地，部分党项拓跋部族早在唐末五代时就迁居这里，并有很大的势力。因此，李继迁攻威远有很大的优势。他通过胁迫、利诱的手段得到了当地党项族和其他蕃族的支持。而当时驻守这一带的宋朝守将李赟率兵不满百名，再加上连日作战筋疲力尽，最后无法抵御李继迁的强攻，李赟力尽自焚。击破威远军后，李继迁又乘胜攻破了灵州外围的保静、永州和清远军，灵州基本失去了外援，成为孤城。

此时，灵州的知州为裴济。在灵州之战中，裴济全力固守城池，在战事吃紧之时，曾以血书求救于宋廷，但始终不见宋朝援军的踪影，最后，灵州城中弹尽粮绝，裴济被杀。

灵州之战后，李继迁完全占有了黄河两岸的兴灵平原。他以祖上世爵西平、辽又授他西平王封号为由改灵州为西平府，把党项贵族也迁到西平府，图谋大业。自此，今宁夏石嘴山地区在长达200余年的时间里，都处于党项贵族的统治之下，宁夏平原成为党项拓跋氏成就霸业的基地。

后来，李继迁在攻取西凉的战争中丧命后，继承者是他年仅23岁的儿子李德明。李德明多年随父亲转战南北，心胸开阔，深谋远虑。初继位时谨遵父亲临终嘱托，不与辽、宋抗衡，向宋朝请和归顺。李德明一心致力于本土统治的巩固。

可是，党项部众看到李继迁新死，李德明又没有得到宋、辽的册封，纷纷内投于宋朝。宋朝边将也建议宋真宗乘党项政权处于幼主新立、人心惶惶之机，一举将其歼灭，统一西北地区。李德明在严峻形势的考验下，一面派使者到辽请求册封，另一面派人到宋请和以稳定人心。景德二年（1005）六月，李德明凭借收复了西凉、党项割据政权，军威已振的机会，遣使向宋入贡，宋朝也借机提出让李德明交出灵州、派一个子弟到朝廷做人质、解散党项军队、归还夺取的宋朝的土地官吏等条件，李德明百般推托。辽国见李德明与宋朝之间出现了抗衡对峙，借机册封李德明为"西平王"，鼓动他与宋抗衡。

李德明权衡再三，于景德三年（1006）九月，再派使臣向宋进贡。宋真宗默认了李德明的特殊地位，授予他定难军节度使，晋爵"西平王"，每年赐银万两、绢万匹、钱万贯、茶两万斤，还下令河西一带"蕃族各守疆界，沿边诸部如德明无所侵扰，则勿纵兵出境"。至此，李德明巩固了自己在党项割据政权中的统治地位，也缓和了党项割据政权与辽、宋的关系。

李德明虽然对辽、宋称臣，但只是为了暂时喘息休整，从中得到大量的经济利益。因此，李德明在与宋、辽保持友好关系的同时，又请求在保安军（今陕西志丹县）设立榷场，使党项羌族人与汉人在这里自由贸易，双方互通有无。由于李德明执行了一条保境息民、发展生产、统一河西的政策，党项割据政权不仅得到了巩固，而且获得了大的发展，为以后西夏建国奠定了基础。

李德明采取以退为进的策略，不仅巩固了党项割据政权，而且用了20余年的时间把势力延伸到河西一带，拓疆数千里，为西夏立国奠定了良好的基础。

天禧三年（1019）六月，党项内部盛传在怀远镇北的温泉山中有龙出现，李德明认为这是一个吉兆，遂萌生了将大本营迁至怀远之意。于是，李德明便在怀远镇营建新城。天禧四年（1020）十一月，李德明改怀远镇为兴州，"迁都"于此。自此，以游牧为主的党项羌族政治中心，迁到有了千年水利之基的发达农业区，这为以后西夏国的建立奠定了坚实的经济基础。

李德明入驻兴州后，兴州北部地区（今宁夏石嘴山地区）的军事、地理意义显得更为重要。兴州以北的定州一带土地膏腴，向来是蕃族放牧栖息之地，也是兴州的北大门。兴州西北200余里的省嵬山上有省嵬口，为军事防御要地。为了加强对兴州以北及贺兰山一带诸蕃部的驾驭，也为了加强兴州北部的防卫，李德明派人在省嵬山的西南（今宁夏石嘴山惠农区庙台乡省嵬村）修筑了省嵬城。

关于省嵬城的建筑及其功能，见于史料记载的不多。因为蒙古灭西夏之后，西夏国史料多遭毁坏和遗失，只知道宋天圣二年（1024），"德明作省嵬城于定州"，以控驭蕃族，屏蔽兴州。《明一统志》载："省嵬城在河东，河东废城也。"《宁夏府志》载："嵬城遗址在省嵬山下，西南去府（今银川）东北一百四十里，逾黄河。"吴广成《西夏书事》载：北宋天圣二年春二月，"德明作省嵬城于定州"。这些记载虽很简略，却载明了省嵬城遗址的所在地点、修建年代和修建目的。

就目前省嵬城的遗址来看，此城边长约600米，总面积36万平方米。城墙为夯土筑成，西、北墙保存较好，高2~4米不等。城墙上窄下宽，基宽13米。北墙长588米，南墙长587米，东墙长593米，西墙长590米。南墙中部开有一门，城门只有一个门道，宽约4米，长13米。门洞两侧铺一层不甚规整的长条石作为基础，其上有四个圆形石柱础。门道中有一石门槛，用较规整的条石做成，高出地面0.3米。石门槛两侧各有一个石门枕，上有沟槽，似安门框的地方，沟槽北面有一半圆形的孔，为承门枢的轴孔，门前尚留有瓮城墙痕迹，这也证明了此城的主要功能是军事防御。

省嵬城作为西夏国都兴州的北部屏蔽，在抵御西北的辽国和后来的蒙古军入侵方面发挥的军事功能是不容置疑的。宁夏考古工作者通过对省嵬村的古代城址进行试掘，认为这就是省嵬城遗迹。当地群众习惯把"省嵬"读作"西省兀"，有关学者认为这种发音来自宋代，为党项羌族族名之一。黄河河道的东移，造成明代原在河东的省嵬废城现居河西的状况。1964~1965年考古工作者对省嵬城进行了小规模的发掘，并对南城门址进行了清理，在门前填土中发现了许多唐、宋、西夏货币及铁钉、铁片、瓷器和鸱吻、砖瓦等建筑材料，后来又出土了一具秃发瓷制人头。2001年7月1日，省嵬城被宁夏回族自治区人民政府确定为自治区重点文物保护单位。

4 蒙元的克夷门之战与明廷的鞑靼平乱

克夷门之战

李德明病故后，其子李元昊袭封，于1038年以夏为国号建国，史称"西夏"。李元昊成为西夏第一代皇帝。

李元昊称帝后对党项割据政权进行了全方位的改革，其中升兴州为"兴庆府"，并将其作为都城。他还全面整顿了军事建制，将党项部落兵制与中原兵制相结合，建立了西夏的兵制，将军队依所驻地域分为左、右两厢和12个监军司。其中在今石嘴山市境内的有右厢朝顺军司，驻克夷门（今石嘴山贺兰山大水沟）。兵力分布在以都城兴庆府为中心的一个三角线上，其中兴庆府兵力7万人，灵州5万人，贺兰山克夷门一带驻兵5万人，统领这里的蕃部，防御辽的入侵。

为了壮大声势，李元昊还将许多城镇堡寨改称为州郡，并安置本部族亲信为各州郡官员，以加强对全境的统治。其中在今宁夏境内的有9个州，即兴州、永州、定州、盐州、灵州、环州、顺州、威州和西安州。定州是改宋威远军而成的，辖境在今宁夏平罗县境内。同时，他还在所谓的京都大兴土木，"广宫城，营殿宇"。在贺兰山一带兴建离宫，以供他享乐游玩。

促使西夏国走向灭亡的是发生在今石嘴山地区的贺兰山克夷门之战，这是蒙古灭夏的关键转折点。

克夷门是石嘴山境内贺兰山的一处隘口，是西夏都城的门户，也是宁夏平原北出塞外的战略要隘。高耸的两山对峙，中间通一条小径，悬崖危立、高不可攀，易守难攻。李元昊看中了这里的风水，在此修建皇家寺院，并设右厢朝顺监军司，布兵5万固守。夏应天四年（1209年）三月，成吉思汗第三次率军攻西夏，克夷门的驻军骤增，局势十分紧张。

蒙古军集中兵力猛攻，夏军大败。四月，蒙古军进围斡罗孩城，城陷。蒙古军乘胜南进，直抵西夏都城中兴府（今宁夏银川市兴庆区）外围要隘贺兰山克夷门。克夷门原来就驻军5万人，这次西夏国主李安全又派西夏著名老将嵬名令公率兵5万前往克夷门增援。嵬名令公乃西夏皇族，身经百战，有着丰富的作战经验。当蒙古军一举攻克了西夏斡罗孩城，到达贺兰山的克夷门后，蒙古军大胆进入贺兰山口。正当行军至山隘中央时，早已在山上等待多时的西夏老将嵬名令公率军自山上飞驰而下，把蒙古军断成几截，使其首尾不能相顾，蒙古军措手不及，将士慌乱不能应战。一场激战过后，蒙古军死伤无数，残部退出山口，西夏军队取得了初战胜利。

蒙古军退出贺兰山口后，在山西侧驻扎下来，双方军队进入了相持阶段。嵬名令公想通过消耗战取得最终的胜利，以为不出克夷门，坚守城池，蒙古军队就不敢轻易进攻。可是，两个月过去了，成吉思汗看到粮草日渐消耗，士气低落，遂改变了以前的强攻战术，采取游骑袭扰的策略，引诱西夏军出城。嵬名令公以为蒙古军已不堪一击，于是率军出关偷袭敌营，结果中了蒙古军早已设好的埋伏，嵬名令公被俘，将士死伤无数，蒙古军乘机攻占克夷门。

西夏都城的外围被攻破，蒙古军一路连克定州、兴州各堡寨，包围了西夏都城兴庆府。兴庆府自李德明定都之后，又经历代西夏国主的不断加固，城池固若金汤，再加上西夏国主李安全亲自督战，蒙古军久攻不下。就在成吉思汗发愁之际，天突降大雨，黄河水暴涨，成吉思汗立即派将士挖渠筑防，引黄河水灌中兴府。这个残酷的战略方针使兴庆府城中的居民被溺死的无以计数，城墙也有坍塌的危险。西夏被迫向金求援，不料金却拒绝援助。正当西夏无处求助之时，蒙古军修的筑堤决口，河水反淹蒙古军队，成吉思汗被迫撤军停战。西夏借机向蒙古称臣纳贡，蒙古放还了嵬名令公。

克夷门之战完成了成吉思汗的第一个战略目的，一方面，他通过战争获得了大量的粮草和战利品；另一方面，使夏、金解除了盟约，彻底解除了蒙古灭金的后顾之忧。克夷门之战成为成吉思汗扩张战争的转折点，也成为西夏衰败的转折点。公元1227年，蒙古铁骑灭夏，对兴庆府、贺兰山一带的离宫进行了抢掠和焚烧，西夏随之灰飞烟灭。

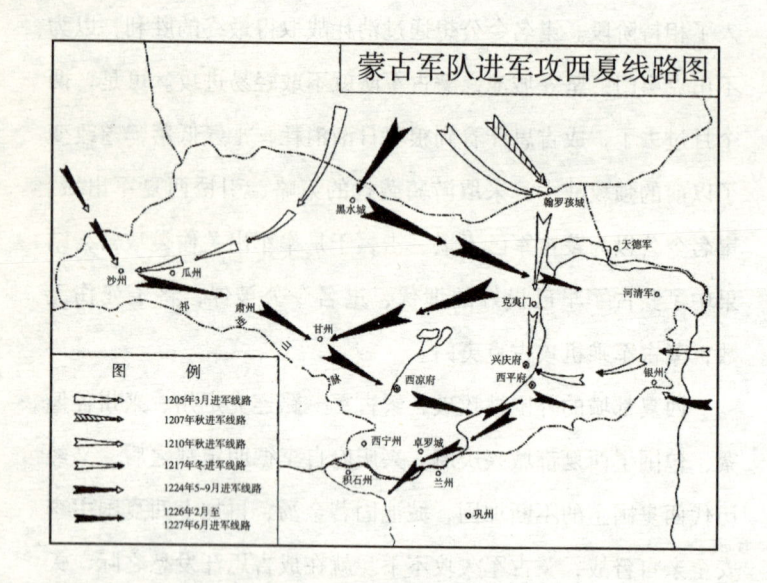

蒙古军进攻西夏线路图

明朝边境战事

明朝建立后,北部边境经常受到蒙古残余势力的侵扰,宁夏首当其冲,石嘴山地区更是战略前沿。在整个明朝,石嘴山地区发生过多次边境战事。

天顺五年(1461)一月,鞑靼部进攻平房城,指挥许某被杀。明弘治五年(1492)十一月,鞑靼部进攻威镇堡。弘治十一年(1498)初,鞑靼部落首领率部驻贺兰山蒲草沟,总制王越率兵西出贺兰山围剿,击毙40余人,获牛马器仗甚众。七月,久居贺兰山后的蒙古部落"小王子",多次侵扰边地,总制王越率兵将其击败于贺兰山柳门沟。正德九年(1514)九月,鞑靼"小王子"率部3万余人攻入平房。

嘉靖十一年（1532），吉囊骑兵 10 万屯居贺兰山后进犯镇远关（今石嘴山西北约 5 公里，正义关沟口老关疙瘩处）。宁夏总兵王效、延绥副总兵梁震与游击将军郑时、史经会兵堵击，吉囊兵向北蜂窝山败退。嘉靖十二年（1533），吉囊率兵屡犯镇远关，宁夏总兵王效、延绥副总兵梁震、游击将军郑时会兵抗击，逾柳门沟，追至蜂窝山，在激战中吉囊部向西北败退。嘉靖十三年（1534），吉囊部进入沙湖（今平石公路与包兰铁路交会处），结帐驻牧，扰乱地方，妨人耕牧，危及宁夏平原。宁夏总兵王效、副总兵苗鉴、游击将军蒋存礼会兵攻击，击毙 100 余人，使其向山后退走。嘉靖十五年（1536），久居套中的蒙古济农部，用牛皮浑脱渡过黄河，进入贺兰山后，多次进犯宁夏西北边地，总制唐龙、总兵王效、延绥副总兵梁震会兵进剿，济农兵败向西撤退。嘉靖十六年（1537），吉囊部由打硇口（今石嘴山市大武口）大举入侵，总兵王效，副总兵任杰与游击将军郑时、冯大俭会兵阻击，吉囊兵向西北溃退。嘉靖十八年（1539），吉囊率部侵入打硇口，结帐扎寨，多次进攻平房城（今平罗城），宁夏北部不宁，镇城告急。副总兵任杰率兵进剿，击毙 40 余人，获牛马器仗甚众，镇城危机解除。嘉靖二十年（1541）春，吉囊部进攻镇朔堡，总兵李义率兵迎击，吉囊兵败。嘉靖四十年（1561），后套一部来犯省嵬口，欲攻宁夏境地，总兵赵应率兵阻击，击毙 43 人，余部撤退。

隆庆二年（1568），鞑靼部首领率兵进攻边地，企图侵占宁夏镇境地。总督王崇古、总兵雷龙率兵迎击，大败鞑靼于归德口。隆庆三年（1569），后套鞑靼部落首领结伙南进，企图放牧于宁夏平原。总督王崇古令雷龙选精兵3000人，追至贺兰山后。

万历三年（1575）五月，叛明将领土文秀率骑兵500人围攻平虏城（今平罗城），总兵麻贵率精兵300人至平虏城解围。万历二十三年（1595）正月，河套鞑靼部首领率兵由西北方入侵平虏，总兵解一清督平虏参将吴显率兵至平湖墩围剿，鞑靼部败。是月，鞑靼一部由河东入侵平虏，参将邓凤就、石尚文，守备陈王道会兵围剿，击败鞑靼部于水塘、沙竹梁等地，鞑靼兵退，平虏境安宁。万历二十四年（1596）九月，著力兔率部进犯平虏、横城（今灵武县境），宁夏镇李如柏亲自统兵指挥作战，歼敌数百人。同年，鞑靼部进攻威镇堡，明官军抗击，鞑靼兵败。万历二十五年（1597），著力兔、宰僧纠合众多部落入侵平虏、兴武营等地，总兵杜同、副总兵马孔英、平虏参将邓凤就、中卫参将萧如薰会兵抗战，败敌于水塘沟、兴武营、平虏。万历二十七年（1599）二月，鞑靼部大举进犯宁夏镇北部地区。巡抚杨时宁、总兵杜同等率精兵协同作战，鞑靼兵败黄草滩。万历四十年（1612）七月，巡抚崔景荣得到鞑靼兵驻北长城外的情报后，立即派兵戒严，遂令总兵姚国忠、副总兵王宣率兵急驰平虏，两军大战于沙石老湾，鞑靼兵向西北方向败走。是年，总兵赵应击败后套鞑靼于省嵬口。

崇祯十年（1637）正月，后套鞑靼哈尔扎联合山丹包六等酋长进入平虏境内，被宁夏守军击退。崇祯十三年（1640），吉能等部据贺兰山后，酋长刀兔计、王脱兔多次犯边，平房参将杜希伏统军进剿，王脱兔被杀，于是刀兔计畏服纳款，平房地方安宁。地方士民为杜希伏建生祠于平房城。崇祯十四年（1641）正月，哈儿扎联合山丹包六等酋长率兵侵犯平房地方，总兵抚民提兵临阵，斩获酋长哈儿扎、井台吉恰强等。

从明代蒙古进犯宁夏的情况来看，成化以前万历以后，边事较少，成化之后，边事骤增。入犯宁夏镇的蒙古各部大多来自河套地区。为了抵御蒙古各部的侵扰，明政府采取了一系列措施来加强边备，并变消极防守为主动出击。弘治十一年（1498）七月，王越率师袭贺兰山后鞑靼，兵6000，分三路进击，大胜而还。对蒙古各部的抗击和征讨，有效地维护了宁夏镇边防的安定，也使宁夏成为关中地区在前线的坚强堡垒。

隆庆五年（1571），明穆宗诏封俺答汗为顺义王，对蒙古各部采取安抚政策，各地通商互市。自此以后，结束了明蒙对立，出现了沿边和平的局面。隆庆六年（1572），宁夏官市易马牛1500匹，商市易马骡600余匹。万历二年（1574）十一月特设宁夏中卫与鞑靼宾兔部互市；万历八年（1580）和十七年（1589），分别发太仆寺马价银16200两和20000两，解送宁夏互市支用。这些措施缓和了民族矛盾，在一定程度上改善了民族关系。

抗逆孤忠萧如薰

明万历二十年（1592）三月，哱拜、刘东旸等据宁夏城（今银川市兴庆区）叛明，史称"壬辰事变"，亦称"哱刘之变"。叛军迅速攻陷玉泉营、中卫、广武等河西47堡,转而北上攻打平虏。守城参将萧如薰率守军及家人坚守御敌,后皇帝朱由检亲题"抗逆孤忠"匾额赐予他。

哱拜(一作巴拜),原是蒙古鞑靼部小牧主,横行于贺兰山西,明嘉靖中期因内部争权斗争失败,率数百人入关投明,在军中任职。此人作战英勇,屡立战功,得到朝廷的信任和重用,升官至都指挥。万历十七年(1589)加封为副总兵。哱拜年老退役后,其子哱承恩袭副总兵之职,他的几个儿子和义子也都是军中悍将。

万历十九年(1591),洮河告警,巡边御史周宏榆举荐副总兵哱承恩、指挥土文秀及哱拜义子哱云(一作布延)等将领征讨,巡抚都御史党馨下令土文秀率部西援。哱拜虽年老,却勇不减当年,亲自谒见经略郑洛,表示愿与哱承恩出师,为朝廷效力。党馨厌恶哱拜自荐,对哱拜表面上赞扬,实则语含讥讽。虽答应让他随军协战,却拨给他弱马、残兵,这引起了哱拜对党馨的不满。哱承恩兵至金城(今兰州),合诸镇军队作战,得胜取道塞外班师,党馨以哱承恩冒名领粮和强娶民女为妾,杖笞其二十。党馨对作战有功的土文秀、哱云不但不予奖励,反而对其升官横加阻挠,致使土文秀、哱云对党馨也怀恨在心。哱拜因势调唆刘东旸、许朝等起来造反,背叛明朝。

万历二十年三月,刘东旸等杀死党馨、副总兵石继芳,逼总兵张维忠自缢。刘东旸自称总兵,奉哱拜为谋主,哱承恩、许朝为左右副将,哱云、土文秀为左右参将,据宁夏城叛明。

数日内，哱承恩率兵攻陷玉泉营、中卫、广武等河西47堡，河西官军相继投降。哱云、土文秀率兵攻打平虏城，参将萧如薰亲自率全城军民日夜坚守。双方激战数十日，死伤惨重。萧如薰打退叛军的多次猛攻，但由于叛军动用重兵围城，萧军又无援军，城池陷入孤立，随时都有被攻克的危险。这时，萧如薰之妻杨氏献出金银首饰，购买牛肉与酒犒赏将士，并协助萧指挥守城作战，将士深受感动，士气大振，打退叛军的多次进攻。土文秀攻城数十日不克。

万历二十年五月，哱云领兵并联合河套著力兔（一作卓力克图）率骑兵500名，哱拜挑选精兵300名，亲自指挥策

萧如薰塑像

应，向平房城猛攻。萧如薰采取以少胜多的战略，将一部分兵留城固守，将另一部分埋伏在南关，伺机出击，打击来援之部。萧亲自率少数兵力迎战诱敌，哱云被乱箭射死，兵溃败北，明军乘胜追击，俘获大批人马凯旋。著力兔见状大怒，遂组织军力反扑过来，不料正遇明军援军赶来，经过一场血战，著力兔军遭挫，向北撤退，被围攻两个多月的平房城解围。

宁夏兵变，中原震动。万历皇帝急调三边总督、尚书魏学曾"相机剿抚"。魏派员招抚变兵，刘东旸提出："必欲我降，依我所自署，授官世守宁夏。不者，与套骑驰潼关也。"（《明史纪事本末·平哱》卷六十三）哱拜决定向鞑靼诸部求援。三月中旬，鞑靼袄儿都司部首领著力兔率3000名骑兵侵入金贵堡，蒙古其他部落也率军陆续侵入宁夏平原。一时间明军将领不敢出战，入侵的鞑靼骑兵到处烧杀掳掠。七月，宁夏镇城仍未攻克，明廷遂将魏学曾革职，任命叶梦熊为兵部右侍郎、陕西三边总督，总理宁夏事务。叶梦熊上任后，"决意欲屠城"。七月十七日，官军绕宁夏镇城筑堤，决开红花、新渠灌城。八月初，部分城墙倒塌。这时，著力兔又攻镇北堡等地，被总兵李如松、麻贵击溃，退回贺兰山后，明廷又用重赏吸引鞑靼部，使其陆续退去，于是割断了哱拜和鞑靼的联系。九月初，再次攻城，又派人离间哱承恩和刘东旸的关系，致使其内讧，刘东旸被杀。九月十七日，官军入城，俘虏哱承恩，哱拜焚身自尽，参加兵变的2000余人被杀。十二月八日，历时近10个月的"哱刘之乱"被平息。

5 明清时期的经济发展与民众的反清反帝斗争

明清边贸发展

石嘴山特殊的区位使得市境长期成为中原农耕民族与北方游牧民族的交会点。在明隆庆五年（1571），明王朝就在平房城附近设立了蒙汉互市的"夷厂"。清雍正年间，因蒙古部落经石嘴山（今惠农区）入平罗赴市，沿途"民间田禾难免踩躏"（《清实录宁夏资料辑录》），官方遂于乾隆元年（1736），将蒙汉贸易市口由平罗移至石嘴山，每月农历初一、初十、二十日为开市交易日，时为宁夏三大市口之一，为整个河套地区蒙汉民族贸易的重要场所。乾隆《宁夏府志》载："宁夏三市口惟石嘴通蒙古最多。"石嘴山大规模的商业活动自此开始。当时石嘴山"口税"所得，占平罗县杂税岁入的九分之七，已是当时宁夏北部主要的商业贸易活动中心。

清政府对蒙汉贸易控制甚严。乾隆二十五年（1760）于石嘴山立碑两块，规定"蒙古一二月出卖皮张，三四月卖绒毛，五六月羊，七八月马牛，九月茶马，毕岁以为常"。清政府还规定，内地不许将硝磺、钢铁、军器、白米、白面、豌豆等物卖给蒙古人。蒙古人用皮、毛、牲畜等与汉人交易，购换回布匹、茶叶、日用杂货等。

清光绪六年（1880）起，英、德商人先后在石嘴山设立十家洋行，专事收购市境乃至整个西北地区的皮毛生意，然后运抵石嘴山洗刷打包，经黄河水路运到包头，再转陆路运至天津。同时，又把外国的毛织品、布匹、火柴等运销宁夏。20世纪20年代，由于军阀割据，战乱不断，捐税日重，各洋行纷纷撤回天津。

洋行发羊财

清末民初，帝国主义势力侵入西北，石嘴山一度成为西北地区城市外贸中转市场。英、德等国洋行先后在此设有10家分行。甘、宁、青所产羊毛皮张在此加工后装船外运，年约运出羊皮百万张、毛3000万斤，呈现出畸形的繁荣景象。

据刘廷栋《帝国主义洋行在石嘴山》一书记载，石嘴山洋行的设立约在光绪六年。当时，帝国主义利用不平等条约，以中国买办资产阶级分子为前驱，向石嘴山实行经济侵略。

早在光绪五年（1879），作为帝国主义在北方经济侵略的大本营天津，英商就雇用了一名叫"葛秃子"（一说是葛鬼子，原名未悉）的人，只身潜入西北，做首次探险。

葛秃子抵达石嘴山后住进旅店。一天，他看到当地居民居然把羊毛与土掺合在一起沤粪上庄稼，觉得石嘴山羊毛有利可图，便想到了一条妙策：利用店掌柜给他出面作保，赊购石嘴山各家的羊毛，第二年再高价支付购羊毛款。就这样，葛秃子不到1个月，就收毛4万斤，雇了两只船，经包头运到天津，每百斤售银20两。

葛秃子从此变成了富翁，正式和天津英商签订合同，于光绪六年携带现银，第二次来到石嘴山。行经内蒙古蒲肱臂湾时，通过送"买路钱"打通了当地劫匪张三。于是，张三成为葛秃子的"保镖"，把他一路护送到石嘴山。

葛秃子来到石嘴山后，先清偿了毛户的欠款，之后租房竖起第一块"高林洋行"的招牌，用现款收购皮毛。后来有人说西宁的毛质较宁夏为优，葛秃子和张三遂又到西宁开辟了一个"新大陆"，将所收皮毛运往天津。葛秃子第三次由天津回来，带来一批广东人，进一步扩大组织和经营范围。但不久天津英商"仁记洋行"挟其雄厚的资本跟踪而来，并带来一批天津人，打出了"仁记洋行"的招牌，与"高林洋行"之间展开了利益争斗。此后天津其他英、德洋行闻讯接踵来到石嘴山，先后设立了10家洋行。

根据《西北丛编》所载，"各洋行专门收购甘、宁、青各地皮毛，并在石嘴山加工打包，由河运、驼运至天津出口。……昔贸易盛时，年可收皮百万张，羊毛约三千万斤"。由上面的四种说法估计，可以得出一个大致的数字，10大洋行每年收皮百万张，毛2000万斤左右。

石嘴山虽然是一个偏僻的小镇，但帝国主义却以此为据点，撒开了掠夺西北皮毛的天罗地网，垄断了这一地区的全部皮毛业。各个洋商都变成了腰缠万贯的富翁，效忠他们的买办资产阶级也跟着大发横财。新泰兴的大老板宁新蒲（天津人），撤庄后回到天津，拥资累万，富甲津门，被天津商人选为商会会长。

他们雄厚资本的积累，是通过三种方法完成的：一是欺骗，二是讹诈，三是掠夺。比如，在光绪二十六年（1900），洋行曾借口山西闹义和团，北路不通，停止收毛，致使大量牧民将毛运到石嘴山，却无法售出，大量囤积。洋行此时趁机杀价,然后指使手下的人,利用实物交换,酌给牧民米、面、布、茶、糖等物换毛,毛户无法,只好忍痛接受。至于贷银订毛无异于"趁火打劫"。洋行利用牧民困难之际,以低估产和压价预购的方式订立合同,把牧民永远缚在他们的合同上。这对牧民来说,等于填不满的"无底洞",对洋行来说则是取之不尽的"聚宝盆"。另外,洋行在石嘴山设立的打包厂也是对当地廉价劳动力的掠夺和剥削。

洋行通过中国买办资产阶级的穿针引线,利用和清政府签订的不平等条约,逃避了一切赋税,又勾通官府,联手豪绅,与封建势力串通一气,垄断西北地区的皮毛业长达40年之久。

昔日洋行之一(仿建)

回民的反清斗争

在石嘴山市，回族是人口最多的少数民族，明朝时就有大量的回民从江南迁到西北各地。清康熙初年，今石嘴山市境内平罗县宝丰一带已有陕西、甘肃等地迁来的回民定居。清雍正年间惠农渠、昌润渠开通以后，朝廷"招民垦种"，河东及南部山区缺田少地的回民陆续前来石嘴山市境开垦荒地，安家落户。伊斯兰教当于此时大规模传入，回族也通常以清真寺为中心形成共同进行宗教和社会活动以及经堂教育的区域性集体。

穆斯林圣殿

1851年太平天国运动爆发，扫荡数省，后定都南京，建立了农民政权。各地民众纷纷响应，很多地方都爆发了社会各阶层自发的反对清政府的斗争。宁夏回族的反清斗争是其中之一，是由回民马化龙及其子侄组织领导的。

马化龙（1810~1871），灵州金积堡人，哲合忍耶第五代穆勒师德（传教人、掌教人）。其祖父马达天、父亲马以德为哲合忍耶的第三、第四代穆勒师德。马化龙承袭祖业，颇有才智机谋。

乾隆初年，石嘴山已成为整个河套地区最大的民族贸易市口，回族也曾在此参与交易。当时，马化龙所居的金积堡隶属灵州，这里的回民入灵州买马制械，从而引起了官府的警觉。灵州知州张瑞珍"曾将马化龙传到，谕以各安生业，勿生事端"。马化龙答应灵州回民不与陕西回民联系，以麻痹官府。而实际上，不仅金积堡、吴忠堡的回民反清是由马化龙直接组织领导的，北部宁夏、平罗，南部同心、固原、平凉等地的回族起事亦与马化龙有密切联系。由于马化龙及其家族的巨大影响，金积堡成为宁夏回族反清运动的中心。

1862年秋冬，金积堡以南之同心、盐茶等回民军北攻灵州和惠安堡。平罗一带的回民军则南下攻府城，目的一是向金积堡聚集，二是解除金积堡周围的军事压力。1862年10月，金积堡回民军与马兆元部联合围攻灵州城。宁夏驻防清军佐领隆阿、防御英明率骑兵往援，被回民军设伏击败。12月1日，宁夏道侯云登，在署甘肃提督定安的配合下，解灵州之围，回民军暂退金积堡、同心一带。清军企图乘胜一举歼灭回民军，遂逼近金积堡。回民军针对敌我力量悬殊的局面，决定智取。12月8日，当清军进至郭家桥时，回民军突然决堤放湖沟水阻淹清军，又乘势发动反攻，清军败退灵州城。

在灵州回民起义的推动下，宁夏府城北路的通昌、通贵等上下各堡回民纷纷响应。平罗回民军乘胜围攻平罗县城，知县长谦被击伤，清军佐领吉星、防御庆连和署平罗营守备郭宗魁以及教谕包叶恒等均被击毙。与此同时，宁夏府城亦被回民军包围，满、汉二城同时告急。由于陕甘各地武备空虚，无军驰援，清廷只得急命阿拉善亲王贡桑珠尔默特，调派鄂尔多斯东西两盟蒙古兵数千出贺兰山口，趋平罗、宁夏救援。强家沙窝战役后，清军主力大部分瓦解。清政府在甘肃的统治岌岌可危，而在宁夏的统治则已崩溃。宁夏府城和灵州为回民军占据两年多，这一带的清朝官府早已被回民军扫荡。在宁夏南部，清军溃败之后，从同心至固原皆为回民军所有，宁夏回民军赢得了空前的胜利。当此之时，宁夏回民军领袖马化龙确定了"求抚"的方针。1865年10月，马化龙向清朝督办甘肃军务西安将军都兴阿表示愿意求抚，随后形成了长达10年的抚局。

在抚局中，回民军仍然保持着独立的军事力量，北自石嘴山，南至固原，抚局地区的政权完全掌握在回民军手中。马化龙自任"总理宁郡两河等处地方军机事务大总戎"，下设参领、元帅诸官职，自成一套统治体系，掌握政治、军事、钱粮等各种权力。因此，左宗棠说抚局"名为官抚回，实则回制官"。总之，抚局反映了回民军反抗清政府是有限度的。

清政府的抚局只不过是权宜之计，它是官方兵力处于劣势情况下的妥协。因此，在甘肃各地达成抚局的同时，清政府积极部署力量，准备镇压回族的反清运动。1866年9月，清政府任命浙闽总督、湘军统帅左宗棠为陕甘总督,不久又加以钦差大臣头衔,令其督办陕甘军务。左宗棠看到当时不仅捻军与回民军不相联系,陕甘回民军亦因门宦教派的区别,虽有时互相支持,但并未形成统一的组织与指挥,往往各自为战,分股行动,于是决定采取各个击破的战略原则。

马化龙率领的回民军最终还是失败了。至此,持续近10年的宁夏回族反清运动宣告失败。左宗棠从维护清朝专制统治出发,看到马化龙以宗教组织回族所具有的巨大影响,认为宁夏回民反清斗争较之陕西回民坚决,其根源更为深远,于是派人以金积堡中搜获"洋枪一千二百余杆"为口实,于1871年3月3日将马化龙父子亲属22人凌迟处死,同日被杀害的还有马化龙的族众党友80多人。

这次事件对整个局势的发展影响巨大,分散于宁夏各地的回民军,因金积堡马化龙的失败而先后遭到清军的镇压。

下营子教案

下营子教案是清光绪年间,在宁夏下营子教堂发生的当地民众和天主教之间的矛盾冲突事件。

天主教原是基督教的三大宗派之一,因教皇驻在罗马,亦被称为罗马公教或旧教。16世纪中期以后,天主教开始进入中国。把天主教传播到宁夏地区的,是该教的一个传教修会——圣母心会。1891年天主教会在下营子村购买土地1000余亩,建起教堂和住宅,从老教区迁来大批教徒,在此地积极开展传教活动,还发展新教徒100余人,下营子教堂便成了天主教在宁夏的第一个据点,隶属于当时西南蒙古教区主教堂三盛公教堂管辖。

清光绪十八年（1892）和二十六年（1900），后套（今内蒙古包头、五原一带）地区两次发生大旱，赤地千里，颗粒无收。当时，蒙古王公早已将土地租给教堂，由教堂向农牧民收租。时逢大旱，百姓们无钱交租，纷纷背井离乡，他地谋生。不少灾民逃到石嘴山、平罗一带。后灾情有所缓解，但后套地区已十室九空，田园荒芜，无人耕种，使教会的收入受到很大影响。于是，教会"整理教籍"，令逃荒他乡的套民"归籍奉教"。已在平罗地区安家落户的套民当然也在劝迫之列。

可是，这些套民在平罗已生活多年，不少人已与当地人通婚，生儿育女，成家立业，再让他们返回后套，势必拆散他们的家庭。所以，"归籍奉教"的命令遭到百姓的强烈反对，乡民们与教堂的矛盾日益激化。时有乡民龙占海、姚大奇、马跃川等人，于光绪二十七年十一月十三日夜（1901年12月23日），冲进下营子教堂，将外国神甫梅伯华、彭寿年杀死，同时还杀死两位来教堂为洋人通风报信的教民。

这件事的发生在中外引起巨大震动。当时《辛丑条约》刚签订不久，清廷生怕此事给刚刚了结的"庚子事件"再添麻烦，故接到报案后7天内一连发出四道上谕，一面饬令地方"严拿匪徒，毋任漏网"，并要求各地文武官员对"各属教堂、教士、教民加以保护，毋再疏虞，致重咎"，一面又气急败坏地把平罗县卸任知县王树槐、在任知县李含寿和平罗营参将易庆安等一并革职，勒令其戴罪缉拿凶犯归案。而对于被杀洋人，朝廷则"深为怜悯……立即妥为抚恤"。

在宁夏镇总兵官汤泳山、宁夏道台和省派道员张廷楫亲自指挥下，官吏四处逮捕嫌疑犯，严刑逼供，凡与龙占海、马跃川等人有点儿来往或沾点边儿者，均不能幸免。有多名无辜百姓被杀示众。

荷兰和比利时政府接到报告后，立即派当时担任甘肃盐务总办的比利时人林阿德来宁夏监办此案。不久龙占海被抓，1902年3月在平罗县城被杀。清廷还赔偿下营子教堂白银4.2万两。因当时宁夏已无款可筹，遂改以数百顷土地作为抵偿。

下营子教堂

二　近现代的风雷激荡

1 建立顺南革命政府

1911年10月10日,湖北武昌新军发动辛亥革命,首义成功。陕西西安于10月22日率先在全国响应武昌起义,一举光复西安,成立革命政府。军政府中会党立即以鸡毛传帖促使宁夏会党响应。宁夏帮会首领刘华堂与各山主(帮会首领)及会友高士秀、普子久、马跃川、了照和尚等在岳武庙举行秘密集会,做出了立即起义的决定。

宁夏府城和灵州民军起义的成功,鼓舞了宁夏南北各地各县人民。按照"岳武庙会议"的部署,平罗民军立即决定起义,各地的领导人分别是:平罗为王之滨、吴大炳,宝丰为哈明、王全贞,黄渠桥为杨生茂,头闸为董茂奎。平罗民军提出了"顺南方,迎南军,杀赃官,除恶霸"的口号,约定11月1日在平罗发动起义,旗号"顺南",起义标志是"头包青头巾"，以抢官僚、恶霸的当铺为开端。10月30日晚，起义民军头包青巾，手提大刀等武器，结队走上街头，一场轰轰烈烈的革命斗争爆发了。11月1日，平罗哥老会首领王之滨、蒲春山、吴大炳、马跃川等人，率领县城和四乡的起义军，手持刀、枪、矛等兵器的马军、步兵2000余人，从四面八方涌进平罗县城。民军打开了监狱，放出了囚犯；打开了粮仓，给民军和穷人发放了口粮；打开了平罗城内的北当铺、黄渠桥的"永茂""聚恒"等5家当铺，将缴获的衣物分给了穷人；打开了武器库武装了民军队伍；杀死了作恶多端且顽抗的县丞；击败了驻在黄渠桥的一营骑兵；对负隅顽抗、不肯缴械的营官俘获后予以处决；其余地方未动刀枪，无一人伤亡。顷刻间，清平罗县府土崩瓦解，平罗清军参将逃匿民间。

平罗起义胜利后，宁夏革命军政府决定成立平罗顺南政府。11月21日早上，起义军在县城关帝庙内举行了平罗顺南政府成立与就职仪式大会。下午，举行了欢迎民军首领蒲春山的仪式。宁夏光复后，11月23日"支那宁夏革命军政府"正式成立。

宁夏全境民军为推翻清政府地方统治政权的斗争，已成燎原之势。平罗民军首领哈明、周祥率马步兵2000余人，会同宁夏民军攻打满城。满营立急派人向甘肃求援，陕甘总督长庚、陕西巡抚升允立即从进攻陕西的西军（马安良部）抽调帮统、循化营参将马麒，分统马政监游击马占奎等马步兵七营来宁夏镇压革命。宁夏总兵张绍先亦由兰州潜回同心一带，调唆当地团练崇义军向河东民军进攻。12月20日，马麒与满营清军会合后，迅速包围了府城，强攻不行，便派奸细混入城中，策动民军标统、原清军管带牟宪章和营官王成银、梁伏本等人率部叛变，他们将民军首领黄连升、李麻花、夏梓等10余人杀害，打开城门投降西军。西军攻破府城，民军首领张少棠、刘复泰、袁宗刚、马四虎等以及千余名民军官兵，都在激烈的战斗中壮烈牺牲。刘华堂等各率余部突围出城，向平罗转移。

11月21日，马麒率领一部分西军北上进攻平罗，追击北撤的民军。退驻平罗的宁夏民军，与王之滨、马跃川等所部平罗民军一道，继续北撤至石嘴山，由于形势险恶，民军内部人心不稳，难以组织有效抵抗。12月23日，西军进城，逢人便杀，见人就砍，又放火烧毁了从沙家牌坊到岳王庙一道巷的数百间民房。知县李九波请求停止杀戮，但得到的回答是："奉命屠城，不分良莠，一律杀绝！"从下午3点左右直至夜间掌灯时分，杀戮才停止。西军对平罗的血腥屠杀和抢劫掠夺，给平罗人民带来了空前的灾难。据不完全统计，平罗民众被西军屠杀300余人，被烧毁的民房达400多间。

12月27日，马麒在血洗平罗后，又率西军继续向黄渠桥、石嘴山一带追击起义民军，扬言先杀3小时，再发3小时的"洋财"。经洋行老板再三乞求，并献上金银，才免遭杀劫。

革命失败后，隐蔽在乡下的民军首领蒲春山，在半月之后进平罗城进行活动，出城时不幸被捕，被刽子手用斧子将头砍下悬于城门之上。同日，民军师爷吴大炳也被西军捕拿，枭首于大街。宁夏军民首领刘华堂和平罗民军首领哈明撤退到平罗,又会同王之滨、马跃川、周祥等向后套撤退,计划到河东内蒙古地区,重整队伍,继续坚持斗争。但撤到石嘴山时,哈明在民军内讧时被刘华堂打死。王之滨在撤退时因家口重,行动迟缓,被西军追到三盛公,全家14口人被杀害,他本人过了黄河到内蒙古地区后,也被当地反动势力杀害。平罗民军响应武昌起义而举义,虽然新政权仅存29天就被西军扼杀,但他们的英勇壮举永载史册。

2 军阀混战 民不聊生

民国时期军阀混战,石嘴山地区战乱不断,较大的战事为苏马大战和孙马混战。

苏马大战

1925年8月,西北军刘郁芬部(时称国民军)取得甘肃政权后,与平凉镇守使马廷勷发生了摩擦,引起了战事,结果马廷勷战败。当时,马廷勷的本族马仲英树起反抗旗帜,对抗国民军。刘郁芬派吉鸿昌师追击马仲英。马仲英退至民勤县后,探知宁夏门致中军队不多,城内空虚无备,遂于1929年4月10日弃民勤向东越阿拉善沙漠直指宁夏。为长期占据宁夏,马仲英决定向南布防大坝,北夺平罗城。4月29日,马仲英派兵包围了平罗城。

当时,平罗的驻军是苏雨生师的马福元(马大牛)团。平罗县县长甄纪印与马福元召集山堡猎户枪手,连同兵士四五百人守城。因子弹缺乏,苏雨生与甄纪印为套取子弹,商定了假降之计，苏雨生亲赴宁夏城向马仲英"投降"。马仲英信以为真，派人随苏雨生前往平罗接洽投降事宜。来人进城后便被苏打死，苏、甄动员官兵及民众复守城池。

马仲英上当后，遂严令安旅长指挥官兵登上城北玉皇阁及南城桥楼，居高临下，射击城内守军。守城军队用土炮轰南城桥楼，楼顶被轰塌。此役马军死亡200余人，士气大挫，城未攻陷。民国十八年（1929）五月十二日，吉鸿昌率部击败马仲英于宁夏省城，安旅长与马仲英败走后套，平罗城军民幸免于难。

平罗玉皇阁

孙马混战

孙殿英，名魁元，河南永城人。年轻时赌博贩毒，以封建会道门起家，投靠军阀张宗昌，曾任直鲁联军第十四军军长。北伐后孙殿英投靠蒋介石，曾因"东陵盗墓"恶名远扬。中原大战后孙殿英投于张学良门下,"九一八"事变后升任第四十一军军长,时人称其为"流氓军阀"。

1933年5月,冯玉祥、方振武、吉鸿昌等在张家口成立察哈尔民众抗日同盟军,曾派人争取驻防在赤峰、独石口一带抗击日寇的孙殿英部合作抗日。同年6月。蒋介石为阻挠孙冯合作,便以国民政府的名义,任命孙殿英为"青海西区屯垦督办",令其率部西移。蒋介石此举一来可以削弱冯玉祥号召抗日的势力,二来可借孙殿英之力遏制西北诸马的势力。孙殿英也想凭借自己的实力,称雄西北,谋图更大的发展。

孙殿英的任命宣布后,立即遭到宁夏、青海的马鸿逵、马步芳等的强烈反对,他们一面连续发出通电,要求国民政府收回成命,一面积极备战,联合时任宁夏省主席的吉鸿昌以武力拒孙。在宁、青二马的坚决反对和再三请求下,蒋介石改变了态度。1934年1月13日,蒋介石电令马鸿逵、马步芳等,说:"孙魁元部,前已明令暂驻原地候令,如擅行冒进,除另电制止外,希秉承朱主任之命令,尽力防堵,勿稍瞻顾为要!"而孙殿英全军进退维谷,冰天雪地,已无退路可走,遂孤注一掷,率6万余人向宁夏石嘴山扑来,由蒋介石一手导演的"孙马混战"上演了。

孙部计划首先攻占石嘴山,掩护大军集中后,先以平罗为进攻目标,分三路进军。攻占平罗后,以主力进攻宁夏城,深入广武、中卫,切断马军退路,将诸马部队聚歼于宁夏城及其附近地区。

此时,抗拒孙殿英的有以甘肃绥靖主任朱绍良为首组成的甘宁青拒孙联军,以马鸿逵、马鸿宾、马步芳的部队为左翼军,以邓宝珊的部队为右翼军,以胡宗南的第一师为总预备队(驻天水一带)的西北联军。

1934年1月11日夜1时,孙部王遂庆特务团及杨耀峰骑兵1000余人,攻占磴口,收缴了马军三十五师一个连的枪械。13日下午2时,孙军步、骑兵各部攻占石嘴山,袭击了马军十五路骑兵第一团各阵地。马军略事抵抗,即按照原定诱敌深入的计划,节节撤退,以骄敌气。孙军长驱直入,占领宝丰、黄渠桥一带。14~16日,孙军进至平罗城北附近各村庄,驻守平罗的马军十五路军独立第二旅旅长马宝琳、骑兵第一旅一团团长马魁率部迎击。孙军受重创后退据黄渠桥一带,掩护后续部队集中。此时平罗城、五香堡、通城等地守备部队积极构筑工事,严阵以待。

17日拂晓,孙军约3000余骑,由黄河东"陶葫芦滩"(今陶乐县高仁镇南,月牙湖北)处,从冰桥过河,袭击李岗堡、清水堡一带马军十五路军独立第五团阵地。激战5小时,孙军伤亡甚多,遂向东退去。下午2时,孙军第二次反攻,马军十五路军一旅二团团长马光宗(旅长兼团长)率部由姚伏堡袭孙军侧背,砍死孙军连长王玉庆及士兵百余名,缴获步枪40余支、手枪数支、马数十匹。马军伤亡官兵20余人。孙军退据李岗堡东各寨。

19日下午5时,孙军集结步兵、炮兵等,将平罗城从东、西、北三面予以包围。晚10时,围城孙军一一七师杨干卿旅首先在城西开战。夜间,孙军炮兵轰击,步兵架云梯奋勇登城。城将破时,守军旅长马宝琳用手电照看城下,孙军误认为自己的军队登上了城(孙军原定登上城后,以手电为联络信号),即令停止炮击。马军趁机反击,歼灭了接近城垣的大部分孙军。20日拂晓,孙军重新开始炮击平罗城,终因马军猛烈的反击而败退。孙军连日攻城不下,便留4个团的兵力继续围攻平罗城,主力南下进攻平罗辖地姚伏堡、五香堡,妄图截断宁夏方面的援军。

24日拂晓,孙军一一七师一旅(旅长夏维礼)、一一九师特务团(团长王遂庆)及炮兵一营,进攻马宝琳旅四团一营五香堡刘家寨、罗家寨阵地。待孙军接近战壕时,马军猛烈射击,激战2时许,孙军伤亡百余人,后退据张家寨。同时,孙军主力袭击马军四团及第三营阵地。马军主动出击冲锋肉搏,孙军伤亡甚多,于中午败退。孙军一一七师二旅(旅长杨干卿)在前敌总指挥刘月亭的率领下,将马军第十五路军骑兵第一团包围于姚伏堡,激战至天黑,马军终因寡不敌众,放弃阵地突围败北。

25日中午,孙军全力再攻五香堡。双方屡次交锋,混战至黄昏,马军砍毙孙军200余人,夺获大小枪支50余支。孙军不支,向西南溃退。经过16天的激战,孙军伤亡500余人,马军团长杨添霖于此役战死。

26日夜,孙军主力一一七师、一一八师及炮兵旅,由刘月亭指挥秘密南下,直扑宁夏省城。2月18日中午,平罗守城马军派队袭击城西南角的朱家庄,激战2小时,孙军战死官兵百余人,其中营长1人,被俘20余人。此时,发现孙军自朱家庄向城内挖地道，马宝琳率领官兵在城外构筑断沟，以防孙军将地道挖进城内。孙军连日炮击马军构筑断沟的部队，马军则一面派人还击掩护，一面派人继续施工。24日，断沟修竣。3月17日，孙军以猛烈的炮火攻平罗城北的玉皇阁及城西北角。马军旅长马昌贵受重伤，营长余正朝也受伤10余处。但孙军在石嘴山和宁夏北部伤亡惨重，原计划被打乱，锐气大挫。加之此时，蒋介石命令何应钦停发四十一军的饷项给养，何应钦给孙殿英发出"退出磴口，切实编遣"的电报。接着，蒋介石下令撤销青海西区屯垦督办公署，免去孙殿英本兼各职。孙殿英大势已去，所率官兵纷纷哗变。孙殿英自知败局已定，于3月19日下令总撤退。马部分路追击，孙部溃不成军，一夜之间，被俘者达6000余人。孙部退至平罗城下，平罗守军马宝琳旅出城截击。3月22日，孙部残余人马被布防在石嘴山至三盛公一带的晋军吕汝骥旅缴械收编。

蒋介石看孙军败局已定，便派飞机追踪轰炸。阎锡山部第七十师按何应钦等人的剿孙计划进至三盛公堵截，蒋介石嫡系第一师袁璞旅到达中卫，待机坐收渔人之利。3月20日，马军兵分三路追击孙军，沿贺兰山麓向石嘴子迂回堵截。21日，被围攻两个月的平罗城解围。22日，马军进至石嘴山一带，俘获孙军数千人，缴获武器弹药、军用品甚多，孙军下余不及半数之步骑官兵退至三盛公一带，被晋军傅作义、赵承绶、王靖国部全数缴械。至此，孙马宁夏混战遂告结束。

孙马混战以马家军的胜利告终，但给宁夏战区，特别是北部石嘴山一带的人民造成了很大的灾难，无辜百姓死伤者达三四千人。战争期间,两军向居民征要提灯、布匹、棉花、抬伤兵等杂款。由于烽火遍地,城门久闭,交通断绝,居民饥寒交迫,冻饿致死者为数甚多。战后,庐舍田园半为废墟,形成严重的兵灾区。根据当时的有关记载,"夏、朔、平、磴四县,被灾75000余户,灾民45.8万余人,炮火打伤的及冻饿而死者5384人。此外,牲畜、农具、米粮、财物、房屋等项的损失,总计达2000多万元;无子种、耕畜,耽误农业生产的土地,计有97万余亩"。

被击败的孙殿英部

3 星火燎原

大革命时期(1924~1927年中国人民在中国共产党和中国国民党合作领导下进行的反帝反封建的革命斗争,又被称为国民大革命），今石嘴山市境是中国共产党在宁夏传播革命思想较早的地区之一。

1925年8月，冯玉祥将军在中国共产党的协助下，率国民军"入甘援陕"，策应北伐战争，该部政治部副主任刘伯坚和钱清泉、宣侠父等中共党员，曾先后在石嘴山镇（今石嘴山市惠农区）、黄渠桥、平罗县城等地驻留，宣传反帝、反封建、反军阀的思想，宣讲俄国十月革命，传播马列主义思想。钱清泉、宣侠父还深入到石嘴山、下营子农村中，调查了解民情。在下营子他们曾同一小商人交谈，从中得知当地民众对国家大事知之甚少，只知道"大清皇帝""武举人"之类的陈旧东西，对孙中山先生、辛亥革命等一无所知。在平罗县街头，看到一些士兵仍穿清朝的服装，钱清泉、宣侠父颇感惊讶，他们赶写宣传材料，到街头散发，向民众讲演：现在是民国时期，孙中山先生领导的辛亥革命推翻了清朝的君主专制制度，推行"联俄、联共、扶助农工"三大政策，中国人民要联合起来走俄国十月革命的道路，打倒帝国主义，打倒军阀，铲除封建主义。宣传演讲对处于封闭落后的市境中的群众，起到了正面积极引导的作用。

冯玉祥将军在石嘴山镇（今石嘴山市惠农区）、平罗县驻留期间，曾召集当地官员和士绅开会，讲明国民军的任务是"为解放民族，铲除帝国主义、军阀压迫而奋斗"，并宣布取消外国洋行的特权、废除免税条例等。冯玉祥在平罗县罢免了腐败谋私的县长王者宾，视察了街市，走访了学校，并提出要把县城的一个高级小学办好，让所有青少年都能够入学读书。

冯玉祥还专门召开工商界人士和平民百姓参加的集会,发表了激昂慷慨的演说。他说:"我领导的国民革命,是建立在民众意义上的。其意义是解放被压迫之中国民族,解除军阀压迫,使工人不受剥削,使农民不受穷苦,商人不破产,学生有书读,教员及机关职员都有薪水发放……"演讲之后,冯玉祥亲笔书写了"打倒贪官污吏"几个大字,命新任县长做一匾额,悬挂在县城钟鼓楼之上,以示警戒。

国民联军总部驻宁夏府城(今银川市)期间,政治部的中共党员开办了马列主义讲习班,创办油印小报《中山日报》,宣传中国共产党的主张,报道北伐战争进展情况,并在今银川市成立了中国共产党宁夏特别支部,平罗、石嘴山的一些进步学生和青年阎廷栋、叶松龄、雷启霖、刘堂琛等人参加了马列主义讲习班,首次听到了中共党员刘伯坚等人关于马列主义的讲课,这给他们留下了终生难忘的印象。

1927年5月,在宁夏府城"五中八师"(甘肃省立第五中学和省立第八师范合办)学习的石嘴山籍学生叶松龄,经李临铭(中共宁夏特别支部书记)、白虹剑介绍加入了中国共产党,同年7月转正。他是石嘴山市境最早的本地籍共产党员,也是宁夏当地首批共产党员之一。但当时在市境尚未建立中共地方组织。这一时期,石嘴山籍在外地工作、学习的进步人士也开始接触马列主义理论和进步思想。蒋介石叛变革命后,宁夏国民党当局驱除共产党员出境,中共宁夏特别支部被迫解散。叶松龄化名宁固知,回平罗继续开展活动。中共宁夏特别支部负责人马云垄,由叶松龄、刘堂琛掩护也来到平罗,先后在宝丰、石嘴山小学以教师作掩护，从事地下工作。

1930年1月，中共陕北特别委员会派刘志丹、谢子长、马云泽、张东皎、牛化东等60多名共产党员和进步青年，进入骑兵第四师苏雨生部队（冯玉祥部，驻平罗、姚伏堡）中，同正在该部的中共党员高岗会合，搞兵运工作。陕北特委又陆续派40多人进入驻姚伏堡的十五团，成立学兵队，由张东皎任大队长，高岗任分队长，并在学兵队成立中共特别支部，张东皎任书记，高岗任副书记，曹育华、李树林、薛应昌分别任组织、宣传、青年委员，有党员30余人。该特别支部由中共陕北特委直接领导，不与地方发生关系。由于部队调防，该支部在市境活动时间较短。是年，宁夏在北平上学的学生30多人，在共产党员王绪祥（即张子华，宁夏中宁人）、孙殿才（即赵忠国，宁夏中宁人）的影响和组织下，发起成立"留平学生会"。平罗籍学生雷启霖、阎廷栋、高立天（高尚信）、谈尚彦等10多人参加了学生会，联络同学，宣传进步思想，反对贪官污吏。学生会创办油印刊物《银光》（后改名《曙光》），宗旨是："根据团结精神，研究学识，唤起全宁睡民，改造阴恶环境，以扬文化，以臻文明。"学生们撰写文章，开展宣传活动，揭露地方官僚和军阀的黑暗统治，将外地的革命情况、进步书刊等传递到平罗等地，在市境扩大了革命影响。同年冬，阎廷栋由孙殿才介绍加入中国共产党。

1936年5月，红军西征向宁夏、甘肃进军，中共中央白区工作部派共产党员王幼平（化名吕义）来宁夏视察，先后在银川、中卫等地活动。7月初，马鸿逵搜捕共产党人，王幼平在处境艰险时，持王绪祥（在中共中央工作，与袁金章是在北平上学的同学）的亲笔信面见在国民党宁夏省党部任科长的进步人士袁金章（袁丽生），袁派高立天护送王到平罗县。高向国民党平罗县党务特派员高尚智（高哲夫）介绍，说王幼平是他在北平上学时期的同学，高尚智遂安排王住在县党部。王在平罗又经高立天介绍认识了曾在北平上学时参加过革命活动的姚启圣，王向姚公开了自己的身份和来宁夏的目的，然后改名王华堂，持高立天托县党部文牍王登瀛写的路条，充作党部录事，以回山东奔丧为由，离开平罗县，混过了沿途军警的多次盘查，安全到达绥远（今内蒙古自治区西部）。

1937年"七七"事变后，中共宁夏工委成立，李仰南（化名杨学文）任工委书记，杨一木（化名杨寿亭）、苏文（化名陆平）任委员。同年11月，李仰南、何广宽到银川面见袁金章。袁得知中共宁夏工委的任务是宣传抗日，送一部分人赴延安学习，若宁夏失陷后准备上贺兰山打游击，逼马鸿逵抗日后，遂让宁夏省立实验小学校长高立天将李仰南安排到该校任庶务主任以作掩护。袁又通过黄渠桥教师王振刚（王茜）结识了何广宽。王振刚将何广宽带到平罗与进步人士雷启霖、李冲和、贺闻韶等人建立了直接关系。在此期间，宁夏工委派李维钧到驻黄渠桥、尾闸、石嘴山镇一带的马英才部搞兵运工作。是年秋，江苏新安旅行团来平罗县，以演讲和放电影等形式揭露日军侵华的罪行，宣传抗日，唤起民众。一些进步知识分子与学生也加入了宣传队伍。是年冬，何广宽、雷启霖、王振刚、贺闻韶等人到贺兰山察看地形，做日军侵占宁夏后上山打游击的准备。

1938年元旦，王振刚、贺闻韶同雷启霖到石嘴山见马鸿逵部驻军旅长马英才，争取马参加抗日，马接受了进步人士的主张。是年初，经王振刚、高立天，宁夏中学教务长阎廷栋，平罗高小校长刘廷栋、教师贺闻韶等人向省教育厅推荐，由北平回宁的平罗籍进步知识分子余占鳌接任平罗县教育科长。余接任科长后，按王振刚、刘廷栋、贺闻韶等人的建议，将平罗县各主要小学的校长改由进步知识分子接任。雍生善（雍明非）任黄渠桥北校校长，叶松龄任石嘴山小学校长，刘堂琛任宝丰小学校长，谈尚彦任姚伏小学校长。此举为掩护党的地下工作创造了有利条件。是年2月，中共三边特委派杨一木等一批共产党员到宁夏。袁金章通过王振刚等人将杨一木安排到黄渠桥二小任教，李万（李宜成）安排到石嘴山小学任教，李平山（李叶平、蒙兴中）安排到宝丰小学任教，苏文（陆平）由雷启霖介绍到马英才旅当文书。苏文组织读书会宣传抗日，后被敌人怀疑，为了安全起见，又由王振刚、贺闻韶安排其到平罗县城小学任教。在此期间，杨一木通过当地知名人士结识了马英才，并向边区党委要了一个军事测绘秘书，搞情报、测地形、绘制作战地图。杨一木还同马英才到贺兰山马部前沿阵地察看地形，做打游击的准备工作。同年3月，杨一木发展黄渠桥二小教师郭英教（郭育三）、李振声（李东甫）加入了中国共产党，郭英教又发展学生常凤翔加入中国共产党，成立了中共黄渠桥支部，这是石嘴山市境第一个中国共产党支部，支部负责人杨一木，共有党员5名。是年冬，杨一木因被特务搜捕，离开二小返回陕北根据地。中共黄渠桥支部处于无人负责的状态。这一年，中共三边特委派到市境开展工作的中共党员李平山、李宛（李一尘）在宝丰小学和石嘴山小学分别发展了校长王福寿（王南山，平罗县宝丰镇人）、学生王延（沈崇智、沈耀龙，惠农县西永固乡人）为中共党员，成立了中共石嘴山小学支部，负责人李平山。李平山还与共产党员苏文和进步知识分子贺闻韶、雍生善等人，先后在姚伏、平罗县城、黄渠桥、宝丰、石嘴山小学成立"少年战地服务团"，宣传抗日救亡思想。地下党组织还向平罗全县师生与进步人士散发了《向导》《抗战》《群众》《民意》《解放》《全民抗战》《抗战文艺》《文艺阵地》《大众哲学》《新华日报》等报刊。

1939年春，中共宁夏工委负责人李仰南来到石嘴山市境工作期间，重新组建了中共黄渠桥支部，支部负责人为郭英教，党员有郭英教、贺闻韶、常凤翔；同时为做好宝丰、石嘴山地区的回民工作，建立了中共宝丰、石嘴山地区回民支部，党员有王福寿、马焕如、花保峰，王福寿为支部负责人。是年冬，崔景岳来宁夏接任中共宁夏工委书记。崔景岳与李仰南在黄渠桥郭英教家里完成了交接任务。中共在市境的活动，引起了国民党、马鸿逵当局的注意。他们派警特进行监视，列黑名单进行搜捕。至1939年底，平罗县尚有支部两个，其中一个支部在学校，有3名党员；一个回民党支部，有5名党员，其中教员2名，学生3名。中共石嘴山支部基本上停止了活动，仅有1名党员处于隐蔽之中。

1940年4月，由于叛徒告密，宁夏地下党组织遭到破坏，工委书记崔景岳等共产党人被捕。特务李郁华、军警联合督察处科长徐宝璋及牟坤同与平罗县警察局局长郭忠厚带宪兵、警察、特务到黄渠桥抓捕郭英教时，郭英教适于前一天由雍生善、童山斗护送过黄河进入绥西。敌人扑空后，先后在平罗、黄渠桥、宝丰、石嘴山等地逮捕了雍生善、童山斗、杨天伟、党廉清、郭铎教、蒋春芳、马兴龙、叶松龄、李如檀、雷润霖、高立天、余占鳖、王福清、李翱凤、冒海瑜等进步人士。被捕人士后经营救，一部分陆续出狱，一部分到宁夏解放时方获自由。1945年夏，中共三段地分工委负责人王延在三段地介绍李双双（陶乐县五堆子乡人）、任天才（惠农县西永固乡人）加入中国共产党。1946年，李双双在陶乐发展了李如英、王万英两名党员，于1947年在陶乐县建立党的支部，由李双双负责。同年10月，在三段地从事地下工作的共产党员任天才，被国民党逮捕，杀害于黄渠桥。陶乐县党的地下活动停止。1947年中共宁夏工委三段地分工委王延派郑尚仁（平罗姚伏高荣人）、仇思成（平罗正闸人）到平罗、贺兰做地下工作。同年中共内蒙古伊西工委派中共党员康善积（陕北人）到陶乐，以农村为落脚点，住在一农民家中，继续从事党的地下情报活动。

1948年初，中共宁夏工委书记孙殿才（赵忠国）派张继珍（平罗新民人）回平罗以做木工、卖盐作掩护搞地下工作，向工委传送马鸿逵部在平罗一带的驻军及地方上的情报。是年9月，中共中央西北局决定建立宁夏、伊西两个工作委员会。

1949年7月宁夏解放前夕，当时在三段地（在今内蒙古自治区鄂尔多斯市境内）工作的伊西工委负责人王茜（王振刚，宁夏平罗黄渠桥人，后任宁夏回族自治区冶金局局长）写信给李冲和、杨茂林、徐宗孺、贺子正、郭永胜等人，主要是策反郭永胜（时任国民党平惠贺保安司令），安排进步人士维持社会秩序，动员群众，保护物资，迎接解放。地下党组织艰苦细致的工作，给1949年9月石嘴山的和平解放和顺利接管打下了良好的基础。

4 军民抗战

绥西抗战前沿

日本侵占东北以后，一直把控制东起察绥、西至宁夏甘新，封锁中国西北边疆，隔绝中苏关系作为主要战略目标。在日军的支持和操纵下，先后成立了"蒙古地方自治政务委员会""蒙古军政府"，实行所谓的"高度自治"。日军在绥蒙扶植傀儡的同时，不断注意与绥远、内蒙古相邻的宁夏。日本加紧拉拢宁夏省主席马鸿逵，企图南北夹击绥远省主席傅作义部，迫使其退出绥远。因为傅作义坚持抵抗日本侵略，数次对来犯的伪军以迎头痛击，给日本侵略阴谋造成极大阻力。因此，宁夏当局的对日态度成为绥蒙及西北抗日形势变化发展的关键一环。

日本诱降马鸿逵的原因，不仅在于马鸿逵是地方军阀，还在于马家军作为回族上层的政治代表，具有巨大的影响力，日本企图利用诸马导演民族分裂的丑剧。但是日本没有看到,马家集团自清末到民国,不断调整自己的政策方针,与国民党政府形成了稳固的关系,获得了很大的政治权力。更重要的是,回族的经济、政治及文化诸方面与汉族血肉相连,回族的历史和前途与整个中华民族的命运息息相关。这种民族的爱国向心力正是宁夏社会及马家军走上抗日道路的深刻的内在原因。

卢沟桥事变后,日伪势力深入绥西,日军增兵包头,不断出动飞机轰炸宁夏,给宁夏人民的生命财产造成巨大威胁,同时也威胁着马鸿逵的政权。马鸿逵在军事上加强北部防御力量,并命令各地方政府,要"注重民众自卫力量之培养,与一般民众之组训,以充实地方实力"(《十年来宁夏省政述要》)。将一六八师两个旅的4个步兵团由银南的灵武、吴忠调往银北的石嘴山一带布防。在尾闸、磴口、三盛公及宁夏北部黄河渡口两岸及贺兰山一带构筑防御工事。自1937年冬开始,在石嘴山一带分四期修筑国防工事:在石嘴山尾闸一带挖掘宽、深数米的壕沟,上面覆盖浮土伪装,以阻止日军装甲车辆及重型武器通过;磴口、三盛公以北百余里内,断绝一切主要道路,横挖深壕,破坏日军进入宁夏的道路;宁夏北部黄河渡口两岸及贺兰山通道,均被削为陡峭立壁;重要的通道口设置阻绝阵地,埋伏炮兵阻击来犯日军。

在整个绥西抗战期间,石嘴山地区是宁夏抗击日军的门户前沿,也是抗日健儿的后勤补给基地,对部队休整、补充兵源起到了重要作用。在战争中,后勤留守人员、伤员,都是转移至石嘴山地区和磴口县。当乌布浪口战斗失利后,马鸿宾也是将失职团长马钟以及该团二营营长马希舜锁押石嘴山黄渠桥撤职查办。宁夏战时所设的磴口、石嘴山、平罗、吴忠4所临时战地医院,有3家都在石嘴山地区。

宁夏留平学生会

"宁夏留平学生会"是在1929~1937年间由宁夏在北平求学的青年学生发起组织的一个群众性的学术团体,发起者是平罗籍学生殷占雄、雷启霖、谈尚彦等。

1929年,他们三人和其他县的两名同学,看到宁夏到北平求学人数逐渐增多,于是倡议组织"宁夏留平学生会",以联络感情,砥砺学识,探讨家乡的各项建设,建议督促地方政府更好地治理家乡。

经过一段时间的酝酿筹备,并得到在北平工作的孙克廉、张明经等人的支持和赞助,1929年8月"宁夏留平学生会"正式成立了,选出的第一届委员会委员中有平罗籍的殷占雄、雷启霖、谈尚彦三人。1935年又选举了第二届委员会,其中有平罗籍的高立天、阎廷栋。1936年5月第三次改选,选出的委员中有平罗籍的余占鳌(兼任财务)、冒海瑜(兼任文书)。凡到北平求学的宁夏学生,只要赞成这个组织的宗旨均为该学生会的成员。

参加学生会的平罗籍学生中有在国立北平大学农学院的殷占雄,北平民国大学的高立天、姚启圣、征克非(后转入国立中央大学),俄文法商学院的阎廷栋,国立北平大学的余占鳌、王振刚,天津河北学院的贺闻韶,广汉中学的田树琛,还有高继述、高尚文、刘廷栋、张华(女)、杨光浚、高自述、马寿桃、孙丕仁、路生衢等青年学生。

宁夏留平学生会的成员大都是宁夏中学和宁夏师范毕业的优秀学生,他们在宁夏读书时正是大革命时期。1926年冯玉祥在五原誓师,率领部队经宁夏、甘肃、陕西到中原参加北伐战争时,部队中的共产党员们在宁夏撒下了革命的种子,使学生们接受了爱国主义的思想教育,有些人后来参加了共产党,积极引导学生会逐渐从狭隘的反对地方恶霸和封建军阀的统治斗争转入到反帝反封建、反对国民党反动统治的人民群众的斗争中。

为了促进学生学习文化知识、交流学习经验,经委员会决议,创办了《银光》月刊,推选殷占雄、雷启霖等负责筹办。1931年2月《银光》正式出版了第一期,其发行对象主要是宁夏各机关的职员、学校师生及地方进步士绅等,他们读后对其大加赞许和鼓励。1931年6月《银光》月刊又出了第二期。根据"团结精神,研究学识,唤起全宁睡民,改造阴恶环境,以扬文化,以臻文明"的创刊宗旨,他们对宁夏的政治、教育等设施进行了一些评论,阐述了国民议会选举代表的意义,揭露了军阀、官僚压榨宁夏人民的罪行。因此,《银光》引起了宁夏人民的思想共鸣,一些青年学生和进步人士纷纷来信来稿,表示热烈支持。这些来信和来稿促使学生会的会员们在思想上不断提高,把斗争矛头直接指向宁夏的统治集团,这引起了统治者的不满。1933年马鸿逵统治宁夏,千方百计地对学生会成员进行迫害,一方面明令禁止刊物在宁夏发行;一方面暗地收买学生中的败类,从内部将其分化瓦解。在这种恶劣形势下，学生会采取了隐蔽活动的策略。为了转移视线，《银光》月刊出了3期后，于1933年更名为《曙光》月刊，接着又出了3期。于1936年更名为《塞北》，只出了1期，由于白色恐怖日甚，被迫于1936年底停刊。办刊经费先由会员们节衣缩食自由捐助，后由委员会募捐解决，办法是除在《银光》月刊上刊登募捐启事外，另外印刷捐册，派雷启霖、李雨村、谈尚彦三人回银川、平罗等地劝捐，先后共捐银圆370多元，为办刊物创造了有利条件。

1932~1935年，宁夏留平学生会在北平地下党组织的领导下，组织了"读书会"和"反帝大同盟"。1932年，共产党员李天才从宁夏到北平求学，受党的委托，从学生会中吸收进步青年孙殿才、王绪祥、阎廷栋参加共产党，组织"读书会"学习马列主义及进步书刊。当时正是"九一八"事变后不久，北平的抗日救亡运动空前高涨，在党的领导下又组织了"反帝大同盟"，成立了东城和西城两个支部，宁夏留平学生会中的平罗籍学生高尚信、姚启圣等参加了西城支部，由王绪祥担任联络工作，经常于夜间张贴标语，散发传单，积极进行抗日救亡宣传活动。1935年在北平的"一二·九"运动中，平罗籍学生阎廷栋、王振刚、余占鳌、贺闻韶等都参加了游行示威。

抗战期间，石嘴山人民抗日爱国热情高涨，平罗县先后举行了"抗日救国大会""庆祝湘北大捷""庆祝抗日战争胜利"三次抗日爱国集会。1931年"九一八"事变后，为响应中共提出的以民族革命战争驱逐日本侵略者的号召，全国掀起了抗日救亡运动的怒潮。11月4日，平罗县在县城中山俱乐部（今鼓楼西）举行了"抗日救国大会"。是日，县城悬挂国旗，出席大会的有十余个机关团体，还有宁夏一中宣传队、第六区高小宣传队及人民群众共2000人。在会上，一中宣传队、第六区高小宣传队的代表和县城高小学生代表做了演讲。演讲完毕后，举行了抗日示威游行，人们手持小旗，高呼"打倒日本帝国主义""打倒汉奸卖国贼""停止内战、一致抗日"等口号。游行队伍返回中山俱乐部后，各校宣传队为民众演出了《朝鲜亡国》《万宝山惨案》《日本占领满洲》等新编剧，观众无不动容，群情激愤，"打倒日本帝国主义"的口号此起彼伏。"庆祝湘北大捷"集会于1939年10月10日、11日，结合"双十节"纪念活动及孙中山先生伦敦蒙难纪念日，举行了两天，开展了以"庆祝湘北大捷"为中心的群众活动。

平罗县各族各界民众于1939年10月10日上午7时，在县城完小门前集会，示威声讨日本帝国主义的侵略行径。参加集会者600余人。大会由县长康觉民主持，全县人民向革命先烈、抗战阵亡将士及死难同胞默哀3分钟后，由女校校长马采萍、男校校长刘廷栋及李梓、姚淑莹等同学做了抗日演讲。下午4时，由县城男、女两校和黄渠桥北校学生组织的"抗战后方服务团"联合演出宣传抗日的话剧，观众约有2000人。下午7时，由县党、政、军、警各机关、学校、团体及民众约数千人，举行了提灯游行。所提灯形均深含抗战意识，有双十字形、牌坊形，还有汽车、飞机、坦克、炸弹等模型。游行队伍高呼抗日口号，高唱抗战歌曲，绕行各大街一周后，仍返回操场观看话剧表演。翌日（10月11日）下午4时，继续表演话剧；下午7时，又继续举行提灯及火炬游行活动。

1945年9月2日日军正式宣布无条件投降后，平罗县为庆祝抗日战争的胜利，于9月3日在县城举行了庆祝抗日战争和世界反法西斯战争胜利大会。这一天，北门外高搭彩台举行庆祝活动，晚间有火炬、灯笼游行，并有舞狮、花船助兴，各商号、住户燃放鞭炮，气氛热烈空前，参加盛会者近万人。

宁夏少战团

抗战期间，石嘴山也是宁夏少战团广泛开展抗日救国活动的主要地区之一。卢沟桥事变后，平津沦陷，宁夏留平学生流亡各地，组织"西北流亡团"，后陆续返回宁夏。

返宁学生通过宁夏省教育厅组成3支抗日宣传队深入宁夏各地宣传抗日。第一路由司以忠带领，到永宁、中宁等县宣传；第二路由征克非带领，赴金积、灵武各县宣传；第三路由梁飞彪带领，到贺兰、平罗、惠农、石嘴山等县宣传。这是宁夏首次大规模的抗日宣传活动，对推动宁夏社会的抗日斗争起到了积极的作用。返宁学生和中共派到宁夏的党员大部分在宁夏各学校任教。他们以学校为阵地，发动学生开展抗日活动。1937年7月，宁夏实验小学在校长高立天，教师侯亦人（即杨文海）、薛蒿山的组织带领下，上街游行示威。江苏省"新安少年长途修学旅行团"来到宁夏，受到宁夏各校师生的热烈响应，宁夏的抗日团体纷纷出现，先后建立了宁夏少年战地服务团、后方抗战服务团、农村抗战服务团、回民教长战时教育研究会、文化书社等组织。其中以宁夏少年战地服务团影响最大。

宁夏少年战地服务团主要分布于宁夏各中小学、实验小学和黄渠桥北校，少战团以"爱护中华，赶走强盗"为宗旨，提出"火线就是操场，战地就是课堂，唤起民众一致抗日"的口号。发表《宣言》和《告西北同胞书》，制定团章，要求团员"不做亡国奴，不做汉奸，不做顺民"，服从组织，为抗战服务。宁夏实验小学少战团多次到马鸿逵公馆请愿，要求成立"西北少年战地服务团"。经过1个月的斗争，马鸿逵被迫批准正式成立"宁夏少年战地服务团"，但不准出省活动。少战团取得了合法地位。宁夏实验小学少战团发展团员200多人走上街头，演唱抗战歌曲，演出《放下你的鞭子》《逃难到宁夏》《小放牛》等具有进步内容的话剧，在街头出版墙报，揭露日本侵略者的暴行。1938年春，宁夏少战团抽调一批骨干，组成巡回宣传队，由杨文海、薛云亭率领到吴忠、金积、灵武、中宁、中卫等地进行宣传，不久又与宁夏中学抗日宣传队相配合，由高立天、涂春林带领到立岗堡、姚伏堡、平罗、黄渠桥、石嘴山各地宣传。这些活动宣传了爱国主义，介绍抗战形势，在宁夏产生了很大的影响。平罗县黄渠桥北校的抗日宣传队亦改名为宁夏少年战地服务团分团，拥有团员100余人。同时在平罗县城小学校长刘廷栋和教员苏文、贺闻韶的组织下，成立了"少年农村服务团"，参加的师生有100余人。

平罗成为宁夏抗日宣传最活跃的县，其他地区如石嘴山、宝丰、姚伏各地学校也都组织了抗日团体。当时在市境流行的歌曲有《义勇军进行曲》《五月的鲜花》《大刀进行曲》《毕

少战团阅读剧本

业歌》《流亡三部曲》等，话剧有《机智捉鬼子》《抓汉奸》等。平罗县城小学、黄渠桥北校、石嘴山小学分别创办了校刊《呼声》《心火》等，杨一木还把黄渠桥小学校咏队徒步带到陶乐县进行宣传。这些抗日救国活动，在当时闭塞的城乡起到了极大的启迪心智的作用。各地少战团都有中共党员的指导和参与，在宣传抗日的同时，学生们还接受了进步思想的影响和教育，了解了边区的情况。有的进步教师加入了中国共产党，30多名进步青年先后被送到延安学习，成为边区党组织与宁夏人民联系的主要桥梁。中共宁夏工委曾计划，一旦日本占领宁夏，即以在延安学习的人员为骨干，建立贺兰山抗日革命根据地，发动人民群众进行游击战争，把日本侵略军赶出宁夏。

5 迎来曙光

1949年9月2日，中国人民解放军第十九兵团司令员杨得志、政委李志民率部从兰州出发，挥师宁夏。人民解放军通过多种途径，对国民党马鸿逵、马鸿宾部做工作，劝其认清形势，接受中共《国内和平协定》，和平解决宁夏问题，走上光明之路。经过多方努力，马鸿宾表示接受中国共产党的主张，率部起义；马鸿逵及其次子马敦静，关闭和谈之门，令其主力一二八军顽抗到底。为此，中国人民解放军第十九兵团集中兵力，发动金（积）吴（忠）灵（武）之战，激战两天，一举歼灭马敦静一二八军大部。是年9月23日，中国人民解放军第十九兵团前锋部队进驻宁夏省会银川市，标志着银川和平解放。

银川和平解放的消息迅速传遍宁北大地，石嘴山各族人民奔走相告，期盼解放军乘胜进军，早日解放石嘴山。平罗县民主人士冒良辰受本县进步人士之托前往银川，向解放军报告平罗县城情况，迎接解放军进城；一些群众为欢迎解放军的到来，自发组织成立了"和平委员会"，张贴"安民告示"，公告"共产党救穷人"，"解放军是老百姓的队伍"，要求大家维持秩序，保持安定，迎接解放军到来。这一切，为顺利解放石嘴山奠定了良好的基础。

当时的石嘴山地区由惠农、平罗、陶乐3县构成。惠农县是宁夏的北大门，地理位置十分重要。国民党政府对惠农县十分重视，在这个不足 4 万人口的小县城，设有平、惠、陶军统站（站长橄忠建），黄渠桥绥宁师范设中统站（站长系该校校长王志毅），原拉萨庙小学派有中统特务薛功武担任该校校长（解放时潜逃青海省西宁市），中统特务杨天伟在黄渠桥第一完全小学任教。这 4 个特务站、组均直属中统特务杨天伟特务机关领导。

马鸿逵部外围特务组织在这一地区更是星罗密布。在石嘴山镇设有稽查处（处长牟昆同）和特务便衣马队（队长杨生荣）。黄渠桥驻伪国民兵总队（1 个团的建制），总队长左明道，人称左团长，总队内设以王健为组长的由 12 人组成的谍报组。通常以小商小贩的身份作掩护，活动于河东和内蒙古一带。此外，还驻有以郭拴子（郭永胜）为司令的贺兰山保安队，县城设有伪警察局，黄渠桥设分局，内有情报组织。县城除行政机构外，设国民党县党部、三青团总部（内设干事会），各中、小学还设有三青团区队部和分队部。县党部还设有"防奸"小组，各乡和中学设区党部，内亦设"防奸"小组。"防奸"小组的中心工作是防止异党混入，专门调查共产党的活动。各小学和各保都设有以国民党区分部成员为骨干的联保组织，一人出事株连全保。在这样一个双层特务密布的惠农县，中共地下活动很难展开。中共派到黄渠桥第一小学和石嘴山回民小学的杨一木、李振声等同志，均先后被迫离开。

1949 年 9 月 25 日晨 7 时，中国人民解放军第十九兵团六十五军一九四师以五八一团主力为快速支队，在团长杨万华、政委孙筱川、参谋长张振川率领下，率部北上，向惠农县重镇石嘴山（今惠农区）进军。当时的石嘴山是惠农县的一个乡镇。部队出动50辆汽车为先锋，骡马行李组成后梯队随军跟进，浩浩荡荡向石嘴山进发，当日即进占石嘴山。

面对人民解放军大兵压境的强大攻势，石嘴山地区的国民党马鸿逵部队闻风丧胆，一部分投诚，一部分溃散回乡，唯独驻扎在黄渠桥的保安大队在郭拴子的控制下尚未溃散。

郭拴子本名郭永胜，原为土匪，后被马鸿逵部收编，并被委任为国民党平罗、贺兰、惠农三县"保安司令"。解放军进驻石嘴山后，立即向郭拴子发出通牒，劝其弃暗投明，缴械投降。9月27日，郭拴子慑于解放军的强大攻势，加之石嘴山进步人士叶松龄、李冲和、刘堂琛等人的劝降工作，遂带领随从百余人在平罗东校场向解放军投诚（郭拴子投诚后暗中仍与国民党联系，后叛乱上山为匪），被改编为贺兰山保安大队，驻黄渠桥，郭任大队长。保安大队向解放军报告了石嘴山镇国民党军散兵、枪支、军粮、汽车、马匹、子弹、汽油等情况，并协助解放军清缴国民党残敌长短枪300余支，迫击炮2门，弹药200多吨，汽车11辆，汽油380桶，保全仓库米麦4000多石。

中国人民解放军第十九兵团六十五军一九四师抽调48人，其中排以上干部38人，组成接管工作队，负责接收民国惠农县政权。为了明确接管思想与接管政策，一九四师副政委国林之在召开的接管会议上做了具体指示，顺利接管了县级旧政权。国民党县党部书记长马赞洪交出了旧政权人员名册档案。文教、企业、机关、团体基本上原封未动，旧职人员照常供职。接管工作队对国民党各类地方人员进行了重新登记，共登记1219名，遣散869人；收缴长枪40余支，短枪15支，冲锋枪2支，子弹2000余发。

在人民解放军进驻惠农县的同时，第十九兵团六十四军五六九团团长罗保顺派刘文带领12名战士，由贺兰县立岗堡过黄河，经流动洲头（今溜山子），进驻民国陶乐县政府所在地高仁镇。人民解放军进驻陶乐县之前，民国陶乐县政府大部分官员和办事人员主动向人民解放军报到投诚，县长徐梦麟与少数官员回家隐匿。陶乐县保安大队副大队长白凤隆向人民解放军投降后，组织地方自卫队协助解放军维持地方社会治安。马鸿逵部一二八军二五六师、骑兵十一师二十团部分散兵溃逃陶乐县境后，也慑于人民解放军的强大攻势，纷纷向解放军报到投诚。

在接管陶乐县旧政权的过程中，宁夏省委派张文厚、阎广仁一行20人组成工作队到陶乐，宣布了银川市军事管制委员会第一、第二号布告，布告命令原国民党陶乐县党、政、军人员向人民政府报到，听候人民政府接管。接管工作队收缴小炮2门、机枪32挺、冲锋枪365支、步枪39支、七九步枪1支、手枪6支、六五步枪子弹630发、七九步枪子弹753发、电话机1部、战马67匹，以及粮食等大量物资。民国陶乐县县长徐梦麟、县党部代理书记长马风岐、司法处主任审判官阮绪华，分别将物资、房屋、武器、文件、档案造具清册，提交给接管工作队；共移交国民党陶乐县党部民国三十一年至三十八年（1942～1949）案卷41卷，县政府民国二十七年至三十八

二 近现代的风雷激荡 71

年（1938～1949）案卷344卷，交回公用房屋66间。据《1950年县委组织部向宁夏省委上报干部情况》载，民国陶乐县政府机构被接管人员共46名，有23人被新生的人民政府留用，另外23人在征得本人同意后被遣回原籍。

9月26日，第十九兵团六十四军一九〇师五六九团，在团长罗保顺的率领下进驻平罗。平罗城乡人民群众手执彩旗来到了县城南门，热烈欢迎中国人民解放军的到来。"中国共产党万岁！""毛主席万岁！""中国人民解放军万岁！"的口号声此起彼伏。五六九团进驻平罗的任务是接管国民党平罗、贺兰、惠农三县"保安司令部"。同日，第十九兵团六十五军派以刘宗泽为队长，刘丰、陈香亭、张崇华组成的工作队，带领40名官兵接管了民国平罗县党部、县政府、地方法院、军粮局等国民党机构。还缴获迫击炮4门，步枪450支，手枪18支，步枪子弹8000发，手榴弹10箱，房屋180余间，还有大量的钱物、粮食、牲畜等。同时收缴散兵游勇、地主豪绅手中的各种枪支111支，手榴弹100余颗，子弹2562发。

在人民解放军接管工作队进驻平罗县之前，民国平罗县县长田庆丰、秘书丁少阳、民政科科长张明选、地政科科长张子明4人逃跑，其余官员、办事人员以及警察、法警等共计163人主动向解放军报到投诚，交代了自己的身份和自己所管工作的手续。投诚人员中有民国平罗县军事科科长郑洛凑、财政科科长王静吾、建设科科长李锦锋、教育科科长党尚仁、军粮局副局长兼田粮处副处长崔膺甲、警察局局长郭松廷、地方法院（宁夏省府平磴地方法院，设在平罗，负责审理平罗、惠农、磴口、陶乐四县的民刑案件)院长李振山、税务局局长史建堂、县自卫队(由各乡组织起来的骑兵队,有80余人)大队长李风起、副大队长马飞雄等。向人民解放军接管工作队主动报到投诚的还有全县9个乡的正、副乡长。

接管工作组将平罗县旧政权物资、房屋、武器、文件、档案等造具清册,对旧政权下属各机关、单位、学校和工作人员,贯彻执行"既往不咎,首恶必办,胁从不问"和"立功受奖"等政策,经甄别量才使用;责令县境内国民党、三青团等组织立即停止一切活动,就地解散。据1949年平罗县委向宁夏省委呈报的《关于接管工作的初步总结》载,当时留用民国平罗县政权各级机关人员49名,遣散92名,送省府学习8名。

解放军接管工作队召开了旧党政机关人员会议,讲解人民解放军的性质、任务和共产党的方针政策,宣讲《中国人民解放军布告》的第五条款内容:"除怙恶不悛的战争恶犯和罪大恶极的反革命分子外,凡属国民党中央、省、市、县各级政府的大小官员、'国大'代表、立法监察委员、参议员、警察人员、区镇乡保甲人员,凡不持枪抵抗,不阴谋破坏者,人民解放军和人民政府一律不加俘虏,不加逮捕,不加侮辱。责成上述人员各安职守,服从人民解放军和人民政府的命令,负责保护各机关资财、档案等,听候处理。这些人员中,凡有一技之长者,人民政府准予分别录用。如有乘机破坏,偷盗,舞弊,携公款、公物、档案潜逃,或拒不交代者,则加以惩办。"接管工作组给旧职人员举办了学习班,宣讲共产党的性质和任务，提高了旧职人员的认识，并对在解放军进驻平罗之前，维护社会安定、保护国家财产表现突出者给予了表彰。旧职人员通过学习，解除了思想顾虑。9月27日，国民党平罗县党部、县政府的官员和办事人员主动向解放军接管工作队投诚。国民党平罗县党部主要投诚人员有：县党部书记长郭泰山，委员阎廷栋、高尚信、党尚仁，秘书征克美、侯怀义，干事谈学文，录事杨生业，工友何棋，共9人。

与此同时，石嘴山地区各县新生的人民政权对一贯道、青红帮等反动会道门组织，坚决予以取缔，人员重新登记后遣散。对社会危害较大、群众反映强烈的吸大烟、种大烟现象，坚决禁止，并颁布了禁止种大烟、吸大烟的布告，将烟馆全部查封。至1949年9月28日，随着中国人民解放军第十九兵团分别接管了国民党宁夏惠农、平罗、陶乐县党部和县政府等机构以及地方武装，今石嘴山地区宣告解放。

三 当代的蓬勃发展

1 石嘴山新政权的建立

石嘴山解放后,在中共宁夏省委、省人民政府的领导下,在人民解放军的支持下,市境各地按照《共同纲领》的规定,分别召开了各界人民代表会议,积极进行建设工作,仅用了1个多月时间就顺利完成了对国民党旧政权的接管工作,并于当年10月底以前,成立了中共平罗、惠农、陶乐县委和县人民政府。10月6日,中共惠农县委成立;10月21日,中共平罗县委成立;10月25日,中共陶乐县委成立。为了尽快建政安民,稳定社会秩序,恢复和发展生产,中共宁夏省委和中国人民解放军第十九兵团六十五军党委采用任命的方式,任命了平罗、陶乐、惠农三县的县委、县政府领导。要求各县根据需要和干部情况,以最快的速度设置县人民政府各职能部门并配备干部,巩固新生的人民政权。

新生的人民政权和党的地方组织建立后,百废待兴,百业待举。各县党委和人民政府紧紧围绕恢复经济、生产自救,剿匪肃特、维护社会治安,搞好接管、建立各级人民政权"三大中心工作",迅速开展工作。

人民政府首先从人民群众当家做主、参政议政入手,狠抓基层政权建设。根据《中共宁夏省委对目前几个中心工作的指示》精神,人民政府向群众广泛宣传党的政策,充分发动群众。11月28~30日,平罗县第一届各族各界人民代表大会在中心小学召开,讨论研究了平罗县行政区划、征粮、肃反、肃特、安定社会秩序、安排冬季生产和建立人民武装等事项;12月1~3日,惠农县召开首届各族各界人民代表大会,商讨政权建设等重大事项;1950年1月25~26日,陶乐县第一届各族各界人民代表大会第一次会议在高仁镇召开,会议听取了政府工作报告,总结了解放后4个月的工作,商讨了民主建政、生产救灾等工作。

在建立县级人民政权的同时,各县委和县人民政府狠抓了乡、村级人民政权的建设。将国民党旧政权的乡改为区,以行政自然村为村级政权单位,建立起村、区、县三级政权。村、区两级人民政权的建立,从根本上改变了延续几千年的封建地主阶级政权,人民群众理直气壮地当家做主,成为国家的主人。

县、区、村三级人民政权建立以后,摆在各县委面前的头等大事,就是建立健全各级党组织。因为石嘴山地区抗战时期建立的党组织由于敌人破坏,存在时间较短。到解放前夕,党组织不仅没有保留下来，而且党员也大都返回解放区或隐瞒身份流落到外地。于是，惠农、平罗、陶乐各县委按照中共中央和宁夏省委的有关要求，将建立党组织的工作放在了与建立各级人民政权同等重要的位置。各县委根据当地的实际情况和党员人数的多少，率先成立了各县基层党组织。

当时，难度最大的是村级党组织的建立。因为老百姓虽然知道共产党好，但对于具备哪些条件才能入党不甚了解。基于这种情况，各县、区委在后来的工作中，结合土改、恢复发展生产、剿匪反霸等工作，注意在当地群众中培养和发展积极分子。对这些积极分子进行党的基本知识教育，成熟一个发展一个。经过几年艰苦细致的工作，到1956年底基本完成了社会主义改造，惠农县、平罗县、陶乐县基本实现了村村有党支部的局面。

村级党支部的建立，不仅使县、区政权建设有了稳固的群众基础，更重要的是进一步增强了党的凝聚力和向心力。

2　抑制恶性通货膨胀

石嘴山解放初期，城乡民用生产生活商品供应十分紧张，一些不法私商趁机囤积居奇，哄抬物价。为打击投机商人、抑制恶性通货膨胀，1949年10月，西北贸易总公司宁夏分公司在平罗县建立了平罗贸易支公司，设立了县城门市部，国营商业通过平价供应日用商品，初步遏制了物价飞涨的局势。同时，明令废除国民党政府的各种税制、税目和税率，并根据同年11月下旬至12月上旬新中国第一届全国税务会议关于统一全国税法、税率和征收办法的有关精神,以及1950年1月政务院颁布的《全国税收实施要则》《工商业税暂行条例》《货物税暂行条例》等规定,逐步建立新的税制。

1950年1月7日,刚刚成立的中国人民银行宁夏省分行就在黄渠桥镇设立了中国人民银行营业所,随后又迁到平罗县城,并在营业所的基础上改组成为中国人民银行平罗支行。新中国的金融机构一经成立,就把抑制恶性通货膨胀、支持恢复生产作为首要任务。人民币成为市场流通的唯一货币,解放前石嘴山通行的银元、铜元及金圆券、法币等旧纸币均被禁止流通。同年,宁夏省贸易公司还分别在黄渠桥镇和陶乐县高仁镇设立国营贸易综合商店和综合门市部,次年又在石嘴山(今石嘴山区)设立国营综合门市部。当年国庆节期间,国营商业将所售商品一律削价5%,连续出售5天,平抑了物价,打击了不法私商,受到人民群众热烈欢迎。

此后,惠农县、平罗县、陶乐县国营商业在较短的时间内相继成立了百货、五金、蔬菜等专业公司,增加了基层零售网点,迅速提高了国营商业的声誉。人民政府建立的国营商业,解放初期在抑制恶性通货膨胀方面发挥了巨大作用。

3 煤炭工业的蓬勃发展

第一个五年计划期间,国家把石嘴山列为全国新开发的10个煤炭矿区之一,这也是新中国成立后国家在宁夏投资兴建的第一个煤炭工业基地。1956年1月,西北煤矿管理局于1月24日在西安成立了石嘴山煤矿筹建处,孙昶任主任,成员有孟以猛、孙佰文、吴宗明等人。

当年1月29日,以孙昶为首的筹建处到达石嘴山,开始了煤田建设的艰苦创业。他们住在石嘴山药王庙,设立了石嘴山矿区建设临时指挥部。白天骑着毛驴、骆驼或步行到方圆近百里的地方察看地形地貌、搜集资料,晚上点上蜡烛整理资料,记录绘制图表,制定矿区筹建工作方案。这时候,国家从西安、北京、山东、铜川、东北、山西、兰州、山丹、徐州等地陆续调来了土建、矿区建设、机电安装等施工队伍,逐步解决了建矿初期住房、饮水等基础设施的建设问题。矿区建设所需的大批器材,在包兰铁路尚未开通,包兰公路的路况和桥梁又不能承运大型设备的情况下,矿区筹建处通过调查研究,雇用有经验的船工与筹建处的同志一道,乘木排在黄河上试航,摸清了自兰州至石嘴山数百公里的航道情况,经过70多天的努力,终于将矿区建设所需的设备、木材、钢材及其他物资从兰州顺黄河用羊皮、牛皮筏子及木筏陆续运抵石嘴山。

1956年11月15日,一只运送机器设备的木筏在距石嘴山两公里处被一块巨大的黄河冰凌撞翻,机器设备沉入河底。西北的冬季,天寒刺骨。起重工王清自告奋勇,请缨下水拴绳,参加水底打捞设备的战斗。他连喝几口白酒,一个"猛子"扎进黄河。一次,两次,三次,终于把绳子拴在了河底的机器上,将国外进口的贵重设备打捞出来。王清被冻僵了,筹建处

三 当代的蓬勃发展

领导孙昶一把将他贴身搂在怀里，泪水直流。在场的人无不为之感动。就这样，创业者用汗水和鲜血，开辟了一条加快矿区建设的黄河水上运输线，保证了建矿之需。

建矿初期，由于施工设备较差，开凿巷道、井筒及岩巷工程都是用人力手工操作的方法完成的。1959年3月，一号斜井简易投产。随后二、三、四号斜井也相继建成投产。这时，矿区的配套工程，如化工厂、机修厂、自备电厂、供水供电、铁路专用线、生活福利设施也快速上马，简易投产。到1961年底，一个设计能力为216万吨/年（后调整为195万吨/年）的石嘴山矿区已基本形成。

为了保证炼钢所需的炼焦配煤，又相继组建了乌达（后移交内蒙古自治区管理）、石炭井、沙巴台三个筹建处。1958年6月成立了石嘴山煤矿基本建设局石炭井筹建处，负责石炭井煤矿建设的筹建工作；同时，汇集了石嘴山矿区及徐州、兰州、铜川等老矿区的建设者先后开赴石炭井。同年10月1日，设计能力60万吨/年的石炭井二号井开工建设（后将开工纪念日定为1959年1月1日）。1960年1月，为了及早做好石炭井矿区移交生产和配套建设准备工作，将石炭井建井公司改为石炭井矿务局。1961年底，二号井建成投产，取得了矿区建设的首战胜利。

为了贯彻执行国家关于开发贺兰山北部煤炭基地及加强"三线建设"的战略部署，西北煤管局高节同志（1965年任贺兰山煤炭工业公司党委书记，1968年任石嘴山市革命委员会副主任，1970年1月病逝）力排众议，果断地将西北煤炭管理局由西安搬迁到石炭井,开创了上层领导机关从大城市下迁到偏僻山区的先河,对进一步开发石嘴山、宁夏其他地区以及内蒙古乌海等地区的煤炭基地,发挥了决定性作用。1965年,煤炭部在大武口成立了以高节、康志杰两同志为首的贺兰山煤炭工业公司,统一领导宁夏、甘肃、青海、新疆、内蒙古五省区的煤矿建设工作。这是继国家成立东北煤炭工业公司之后的第二个直接接受煤炭部管理的国家直统的煤炭公司。同期,贺兰山煤田的石炭井矿区扩大了建设规模,呼鲁斯太、汝箕沟两个矿区的建设也全面展开。

1959年5月1日,石嘴山煤矿设计年生产能力为50万吨的四号斜井提前半年建成投产。1960年1月,宁夏第一座大型洗煤厂、年入洗原煤150万吨的大武口洗煤厂开工兴建。经过8年多的艰苦奋战,建设者们克服种种困难,使石嘴山矿区基本建成投产;石炭井矿区的建设也全面铺开;汝箕沟、呼鲁斯太矿区完成了地质精查,进入开发准备阶段;各矿区的辅助企业也相继建成。从1966年开始,建设重点由石炭井矿区向汝箕沟矿区转移。至此,贺兰山煤炭工业基地初步形成。

至20世纪70年代中期,石嘴山煤炭系统共完成基本建设投资31680万元(不含西北煤矿机械总厂及其一、二、三厂),占宁夏全区总投资的86.74%,其中石炭井矿区13333万元、呼鲁斯太矿区6152万元、汝箕沟矿区12195万元。新建和改建矿井(露天)7处,新增煤炭生产能力555万吨/年,原煤入洗300万吨/年。

三　当代的蓬勃发展　　81

矿区临时建设指挥部成员

4　五湖四海石嘴山

　　石嘴山在历史上就是个移民城市，境内从秦代的浑怀障，到西汉的廉县，北魏的历城，唐代的定远城，元代的定州，明代的平房城，清代的新渠、宝丰，当代的石炭井、大武口等，均为移民之城。

　　1949年新中国成立后，石嘴山移民人口的特点更加显著。

特别是50年代以来伴随着石嘴山煤炭资源的开发和国家的"三线建设"战略,一批批来自五湖四海的建设者汇集到石嘴山。1956~1966年初,在石嘴山煤炭工业发展最快的时期,自陕西、山西、甘肃、黑龙江、吉林、辽宁、江苏、河北等10多个省市成建制调入的20000多名干部职工(不包括随迁家属),来到石嘴山参加建设。

20世纪50年代支援石嘴山建设的青年

当代石嘴山历史上有5个人口迁入高潮:第一个迁入高潮为1953~1954年,在人口总量水平很低的条件下迁入了近2万人,净迁移率达60‰左右;第二个迁入高潮为1958~1960年,3年内净迁入89331人,其中1959年净迁移率达

171.69‰（历史最高值）；1966~1971年为第三个高潮，3年中净迁入55949人；1976~1978年为第四个迁入高潮，3年内迁入19847人；第五个迁入高潮为21世纪。据不完全统计，1949~2012年，全市人口由127720人增加到734063人，其中，外地移民人口30多万人，占纯增人口的50%强，年均移民增长5000多人；市区人口从1949年的1486人增加到448000多人。

石嘴山解放以来移民增长较快的主要原因有以下几点：一是干部调入，包括统一分配的大中专院校毕业生和安置的复转军人；二是有组织的外地农业移民；三是外地工矿企事业单位成建制的迁建、包建新单位，谓之"工业移民"；四是进入21世纪以来，随着石嘴山煤炭资源的日渐枯竭，经济结构的调整，大力招商引资，一大批国内外知名企业和重大项目在石嘴山落户的同时，吸引了市境外大批各类专业技术和管理人才迁入石嘴山。

2011~2015年"十二五"期间，按照自治区党委、政府制定的"以川济山、山川共济"的扶贫开发战略，石嘴山市还计划搬迁安置宁夏中南部西吉县、隆德县、原州区生态移民10126户46300人。全市按照"搬得出、稳得住、逐步致富奔小康"的总体要求，结合区域资源条件，科学布局、规划建设大武口隆湖六站、惠农惠冶、银善、红宝四个劳务移民安置区，平罗五堆子、庙庙湖两个生态移民安置区。2012年11月10日，宁夏全区劳务移民现场观摩暨工作促进会在石嘴山市召开。大武口区对劳务移民安置提出1户1套房、1个固定就

解放军农建一师支援石嘴山建设

业岗位，1户分配2亩耕地的政策，在移民安置区建立了"新民市场"，设立了近百个经营摊位，免除两年摊位费，鼓励引导移民自主创业。与此同时，配套建设了学校、村级（社区）活动场所等基础设施。惠农区结合实际，提出"1户1套房""1户1岗位""1户1亩流转土地收益"和"稳定居住2年后1户1头托管奶牛"的安置政策，并按照"先稳定就业、后搬迁安置"的思路帮助移民适应从农民到工人、到新市民的转变。惠农区成功扶持自主创业移民小老板32人，帮扶移民稳定就业1130人，确保移民搬得出、稳得住、逐步能致富。截至2012年11月底，全市高质量建设了移民住房5483套，配套完善移民安置区水、电、气、路等基础设施和学校、村级活动场所、卫生院、文化广场等公共服务设施，安置搬迁移民

2426户11520人。为提升移民就业创业能力和增加农民收入，开展了援助工程培训、劳动力转移培训、引导性培训工作，积极发展特色农业和设施农业，拓宽就业渠道，引导移民务工就业，全年完成8670人的移民教育培训工作，比目标任务6835人超出1835人，全市移民户均年收入达到23000元左右，比搬迁前有较大幅度增长。与此同时，移民区公共服务社会事业、生态建设、社会管理方面，也取得了较好的成绩和效果。

石嘴山古今移民的历史，逐渐形成了石嘴山古今移民文化的鲜明特色：秦、汉至清初有中原移民带来的汉文化、屯垦文化、农耕文化及匈奴、鲜卑、羌、蒙古、满、回等民族文化。回族作为石嘴山人口最多的少数民族，与汉族以及其他民族长期和睦生活，在历史、文化、经济等诸多方面相互交融、渗透，在市境内人民的衣着、饮食、婚嫁、语言和民族音乐歌舞以及建筑特色中融入了回族文化、伊斯兰文化，形成了独特的人文景观。

另外，频繁的经济交往和人员流动，不同文化、思潮的交织和碰撞，形成了石嘴山与其他地区极为不同的历史人文现象。清同治年间的回民起义，一度以石嘴山为支撑点，沟通内蒙古、陕北一带；1911年11月1日，平罗民军响应武昌起义揭竿而起，建立了在西北也属首批的"顺南"政权；"五四"运动和大革命时期，石嘴山是宁夏最早接受革命影响的地区之一；抗日战争爆发后中国共产党地下支部在此建立，当地优秀青年成为宁夏首批共产党员，党组织虽多次遭反动当局的破坏，但党的影响深远。特别是20世纪50年代末以来，伴随着石嘴山煤炭资源的开发，来自全国各地的数十万建设者，在带来新的产业、新的技术的同时，也带来了新的文化现象，不断丰富和构筑着新的"移民文化"。

正是因为早期移民的开发和后期移民的到来，石嘴山才建设成早期传统农耕文化和当今山水园林特色相结合的新型工业城市。"五湖四海、群策群力，艰苦奋斗、开创新业，自强不息、顽强拼搏，激扬文化、激流勇进"的"石嘴山精神"，正是对石嘴山移民人口特点的高度概括和凝炼。

5 环境整治 旧貌换新颜

石嘴山市是一个因煤而建、依煤而兴的典型资源依托型老工业城市，在经济发展初期，由于传统的工业发展模式和资源利用方式，以煤炭延伸而形成的结构性工业污染问题，随着经济社会的逐步发展日益凸显。2004年7月13日，国家环保总局公布的2003年全国113个环境保护重点城市大气污染情况，石嘴山市名列倒数第四！

"我们不能将这顶污染'黑帽子'戴在头上，要还蓝天碧水于民"。市委、市政府审时度势，站在全面实现科学发展和可持续发展的高度，把环境保护纳入经济社会发展的总体规划，将之提上了重要议事日程，制定了治理污染的战略部署。

坚持以人为本，树立科学发展观，大力实施"产业对接、蓝天碧水和民心"三大工程；调整和优化产业结构，发展循环经济，加快创建独具特色的山水园林新型工业化城市建设步伐；不断加大环境保护执法工作力度，下大力气治理污染、改善环境、还民以蓝天碧水。全市上下即刻做出反应，形成了党委领导、人大和政协监督、政府负责、部门协作、环保部门统一监管、企业主动治污、全社会共同参与的工作机制。

通过市委、市政府及全社会的共同努力，全市环境质量不断改善。2006年，全市工业用水重复利用率达95%，工业废水排放达标率达86%，主要污染物COD（化学需氧量）稳定控制在总量指标内。第三、第五排水沟等主要纳污水体水质状况得到明显改善，黄河石嘴山段水质逐步好转；城区空气质量全年优良天数达到284天，占有效监测天数的77.8%，空气综合污染指数比2005年有所下降。

2006年9月4日，国家环保总局发布的《2005年国家城市环境管理和综合整治年度报告》显示，石嘴山市环保投资指数在全国113个环境保护重点城市中排名第一，"城考"结果在全国113个重点城市中排名77位，彻底跳出了倒数第四的"黑名单"。

2007年4月28日，中共中央政治局委员、国务院副总理曾培炎在全国整治违法排污企业、保障群众健康环保专项行动电视电话会议上的讲话中指出："宁夏石嘴山市摘掉了全国十大空气污染严重城市的帽子，区域环境质量得到明显改善。"石嘴山市一举摘掉了全国十大空气污染严重城市的帽子。

今后，全市将继续把电石、铁合金、焦炭行业清理整顿作为环境保护工作的重点，加大整治力度，以科学发展观为统领，加快建设资源节约型、环境友好型和山水园林型工业化城市的步伐，努力构建和谐石嘴山，为全市人民创造一个天蓝水碧的生存环境。

煤矿整治方面，石嘴山煤矿区经过几十年的煤炭开采，形成了大面积的采煤沉陷区，沉陷面积已达33.8平方公里，最大下沉深度达24.4米，受灾居民1.5万户4.8万人。个别沉陷裂缝直通矿井下，使矿区地表生态环境严重恶化，每年因地表下沉造成矿区铁路、公路、供水管路、供电线路等基础设施损坏，给矿区广大职工和居民的生产、生活造成了严重威胁。

进入21世纪以来，由于煤炭资源逐渐枯竭，生产萎缩，资金投入不足，矿区居民生活非常困难，遂使沉陷区成为石嘴山市下岗失业人员和特困人口聚居区之一，区域内下岗失业人员和享受低保人员均占全市下岗失业人员和享受城市低保人口的70%以上。

2004年7月，石嘴山市采煤沉陷区综合治理项目由国家发改委正式批准立项后，石嘴山市各级领导开始了一场艰难而辛苦的治理沉陷区的战役。

2004~2008年，完成了石嘴山一矿矸石山环境治理项目、石嘴山一矿南湖矿山环境治理项目、二矿矿山环境治理项目；先后对七座煤矸石山进行搬迁填埋，治理了最大的矿井排水大坑（南湖），完成了沉陷区净土覆盖及种植土回填60余万立方米，栽植各类苗木56万株，种植草坪22万平方米，绿化面积1885亩。2009年开始由市国土资源局负责实施沉陷区治理项目，分两期进行，其中，一期项目与惠农区共同完成了6号、7号坑1.4平方公里沉陷区的治理。二期项目主要对3号、4号、5号坑及南湖以西区域2.61平方公里沉陷区进行治理。截至2012年，惠农采煤沉陷区矿山地质环境治理项目已连续5年得到财政部、国土资源部的大力支持，共争取中央财政专项资金3.94亿元。按照《石嘴山市资源枯竭型城市矿山地质环境治理规划（2010~2012年）》的总体部署，该项目2012年度工程从惠农采煤沉陷区扩大到石炭井矿区等区域实施，结合开展工矿废弃地复垦利用试点，矿山地质环境治理项目将发挥更大的生态效益、经济效益和社会效益。

项目实施以来，区、市领导多次到采煤沉陷区调研指导工作，也多次现场办公解决工程进展中存在的问题和困难，并要求抓好工程质量，加快工程建设，尽量降低工程成本，让老百姓得到实惠，能住得起，住得舒服。通过矿坑整治、生态修复和景观美化，废弃的土地成为城市建设和经济发展的可利用土地资源，沉陷区建设成为集"矿山文化、科普体验、观光游览"为一体的国家级矿山公园。

2010年5月，国土资源部授予石嘴山国家矿山公园称号。公园建设主要以惠农采煤沉陷区矿山地质环境治理为依托，以矿山开采遗留的矿山地质遗迹、矿业开采活动遗迹为核心，将其建设成宁夏北部地区一处独有的新景区。石嘴山国家矿山公园规划为"一园两景区"，园区总面积52.1平方公里。惠农景区主要对9.1平方公里的采煤沉陷区进行治理，本着尊重历史尊重自然、治理与保护相结合的原则，规划了矿业遗迹保护区、工业景观区、文化广场景观区、矿山公园博物馆、人工湖景区及沿路绿色景观带等，使其成为新生态园区和旅游景点。大武口景区先后投资近10亿元，对大面积堆积的矸石山、粉煤灰场、排水场等进行综合整治，已建成星海湖、中华奇石山等风景区，总面积43平方公里，水面面积24平方公里，已具备开园条件。

如今，昨日满目疮痍的沉陷区俨然已经成为一个美丽的矿山公园，各类植被繁茂，新修建的蜿蜒小径，保留下来的特殊地质遗迹，旖旎的湖光山色，老矿区已成为惠农区一道靓丽的风景，采煤沉陷区已从过去的环境恶劣之地，向绿草萋萋、人与自然和谐相处的生态家园转变。

与此同时，市委、市政府把包括采煤沉陷区在内的各棚户区居民的搬迁安置工作当作实施"民心工程"的一项重要内容来抓。截至2012年，石嘴山市通过争取国家和自治区的支持，累计投入117亿元，先后实施中央下放地方煤矿棚户区、国有工矿棚户区、城市棚户区改造等工程，对原石嘴山矿区、石炭井矿区、宁夏钢铁厂等棚户区居民进行搬迁安置。

经过几年的不懈努力，建设了静安小区、锦林小区等86个片区，建成安置房6.7万户，有18.6万人告别了棚户区乔迁新居。棚户区改造带动了建筑材料消费90亿元，居民生活型消费30亿元，提供了大量的就业机会。2012年10月，市委、市政府又启动了大武口区原西北煤机一二三厂棚户区改造工程，并向市民公开承诺：用3年时间，再投入64.5亿元，彻底解决棚户区剩余2.4万户7万人的安置问题。

石嘴山市棚户区改造工程，受到党和国家领导人的高度关注。2008年8月15日，中共中央政治局常委、国务院总理温家宝来到石嘴山市新建成的安置采煤沉陷区居民的大武口锦林小区章进成老人的家中，把客厅、卧室、厨房认认真真看了个遍，说道："我心里始终放心不下采煤沉陷区和棚户区的老百姓，政府要下决心有计划地抓紧改善矿工居住条件。你们生活安置得好，我们就放心了。"

2010年3月21~23日，中共中央总书记、国家主席、中央军委主席胡锦涛在宁夏考察工作期间，来到锦林小区考察，看望从棚户区搬迁来的小区居民。他说："帮助退下来的老职工改善生活条件，是党和政府的责任。我们将继续提高企业退休人员基本养老金，继续加大工矿棚户区改造力度，让退下来的老职工也能共享改革发展成果。"

2012年9月，中共中央政治局常委、国务院副总理李克强在出席2012中国（宁夏）国际投资贸易洽谈会暨第三届中阿经贸论坛期间，先后来到银川、石嘴山等地考察调研。李克强对石嘴山市着力保障和改善民生工作给予了充分肯定，要求石嘴山市把棚户区改造工作做细做实，确保建设质量、设施配套和公平公正，使不同收入居民、不同民族群众同区居住，共享和谐。同时，他对石嘴山的发展寄予殷切期望，希望石嘴山发展得更好、更平衡、更和谐。

采煤沉陷区生态建设

6 经济社会转型大发展

　　石嘴山是宁夏工业的摇篮,建市半个多世纪以来,依托丰富的煤炭资源,兴建了一大批煤炭开采、加工和以煤为主的电力、钢铁、铁合金、碳素等高耗能企业,曾一度引领了宁夏的工业发展方向,为宁夏经济社会发展作出了重大贡献。

　　石嘴山现代工业的起步,是从20世纪50年代开发煤炭资源开始的。当时国家确定在西北地区兴建包头、酒泉钢铁公司,修建包兰(包头—兰州)、兰新(兰州—新疆)铁路,建设火力发电厂。为了就近解决能源问题,通过地质勘探,发现石嘴山煤炭储量丰富,煤种齐全,煤质优良,尤其是被称为"太西煤"的优质无烟煤,更是国内少见的"煤中之王"。煤炭部遂决定将石嘴山列为"一五"时期全国开发的10个煤炭矿区之一，建设以石嘴山为中心的西北煤炭基地，解决包兰铁路、包钢、酒钢以及甘肃、宁夏、青海等省区用煤之需。

20世纪60年代，在国家"三线建设"（当时中央从战备需要出发，根据全国各地战略位置的不同，将全国分为一、二、三线，三线地区是全国的战略大后方）战略方针的指导下，国务院在调整全国工业建设布局时，在石嘴山安排了一批列入"大三线"建设的重点建设项目，一批大中型企业在石嘴山建成。

进入21世纪以来，随着改革开放的不断深化，社会主义市场经济体制的建立和市境煤炭资源的日渐枯竭，全市经济结构矛盾日趋突出，大批企业改制或破产，大量职工下岗……石嘴山经济社会发展面临严峻的考验。

2003年，新一届市委领导班子审时度势，贯彻落实科学发展观，提出了大力实施"产业对接、蓝天碧水和民心"三大工程，深入推进"工业强市"战略，着力构建新型工业化发展体系，对全市工业结构进行了重大调整。按照"建设重大项目、壮大核心企业、拉长产业链条、培育产业集群"的发展思路，坚持以改造提升煤炭采选产业、电力产业、钢铁产业、机械制造产业"四大传统产业"为重点，以培植壮大稀有金属及镁产业、精细化工产业、电子元器件产业、煤基碳材产业"四大新兴产业"为突破口，以做大做强稀有金属及镁产业链、煤—电—能源精细化工产业链、煤（硅石）—电—铁合金及冶炼炉料产业链、以农副产品加工为龙头的轻工业产业链"四大集群产业链"。

经过"伤筋动骨"的经济结构调整,石嘴山产业转型脉络已日渐清晰,全市工业增加值由2002年的28.2亿元增长到2009年的161.9亿元,7年增长了4.7倍。2003~2009年,全市共引进各类项目2865个,计划总投资1038.83亿元,实际到位资金499.9亿元。投入6000万元支持工业园区建设,开工建设了机械制造装备园、特钢专业园和宁夏精细化工基地道路、供排水、供气、固体废弃物处理场等基础设施,投资硬环境进一步优化。筹措3200万元兑现了工业经济升级转型政策,表彰奖励功勋企业和金融机构,兑现中央和区市扶持、减负政策资金10.79亿元,帮助企业协调金融机构贷款58.6亿元,实施重点科技项目61项,投入科技资金1852万元。全年工业项目完成投资101.71亿元,首次突破百亿大关,荣获全区重点项目建设工作先进单位。

2010年,紧紧围绕"继续解放思想,加快经济转型"的主题,石嘴山以抓转型、重民生、迎大庆(建市50周年大庆)为主线,以项目建设和"三争双招"为抓手,不断加快经济社会方式转变,有力地推动了全市经济社会全面协调可持续发展。有色金属、煤炭机械、能源化工、汽车、太阳能、PVC等非煤产业产值达到335亿元,迈上新台阶。东方有色、天地奔牛、西北骏马、博宇钢铁、大地化学、大武口电厂等完成技改投入61.1亿元。太阳能和汽车装备产业迅速发展,成为全市工业经济的新支点。招商引资到位资金209.6亿元,同比增长36.7%。投资2亿多元完善宁夏石嘴山陆港经济区、宁夏精细化工基地、石嘴山生态经济区等园区的基础设施。坚决推进节能减排，助推结构调整和产业升级，承担了自治区追加的高于全市任务2倍的指标。全市工业增加值达到158亿元，同比增长14%。全年全市生产总值达到290亿元，同比增长13%；财政总收入57.39亿元，其中地方财政收入32.66亿元，同比分别增长32.6%和40.7%；完成全社会固定资产投资270亿元，同比增长30.9%。

2011年，集中力量狠抓装备制造、太阳能工业等基地建设。一批好项目落户石嘴山，成为支柱产业。太阳能产业链不断延伸。天得太阳能2000吨硅棒、200兆瓦太阳能电池组件，银晨太阳能集成采暖供热设备，宁沪太阳能200兆瓦太阳能电池组件，日晶新能源光伏设备生产线，国电龙源、国投华靖、阿特斯新能源各10兆瓦太阳能电站项目相继建成投产，初步形成了"单晶硅拉棒—切片—电池组件—光伏产品"的太阳能产业链。石嘴山经济开发区力推老企业技改，呈现出了低投入、高产出的良性趋势。全市规模以上工业企业技改面达83%，规模以上工业增加值达202亿元，同比增长15.6%。

2012年，是石嘴山市经济社会发展面临重大挑战的一年。面对国内宏观经济下行压力较大的严峻考验，市委、市政府带领全市各族人民，全面打响了在全区率先进入全面小康社会的攻坚战。全方位转型发展，攻坚克难，全力以赴稳增长，经济建设和社会发展齐驱并驾，突出以人为本，创新维护群众权益机制，不断做好惠民生、顺民愿、暖民心、听民声、重民意、解民忧等方面的实事，促进社会和谐稳定。全市经济破冰迎春实现漂亮的"V"形反转。

产业转型，围绕做强二产、做活三产、做精一产，力推经济发展质量和效益稳步提升。

截至 2012 年年底，全市 238 户规模以上工业企业实现增加值 210 亿元，同比增长 14.1%，完成工业投资 200 亿元，同比增长 31%，23 户企业进入宁夏百强企业。此外，全市先后引进国电集团、中粮集团等 20 多家世界 500 强企业和国内外知名企业，矿山机械、电石化工、特色冶金等优势特色产业占工业总产值的比重达到 80% 以上。

环星海湖开发项目全面起步，累计完成投资 2.5 亿元，中华奇石山景观提升、滨湖景观大道等项目加紧建设，"活力石嘴山、魅力星海湖"的品牌效应逐步扩大，全年接待游客 208 万人次，实现旅游收入 11 亿元。

加快发展现代农业，坚持抓龙头，带产业，着力培育壮大中粮、汇源等一批农产品精深加工龙头企业，带动枸杞、水产、牛羊肉等优势特色产业快速发展。粮食连续 10 年增产增收。

民生转型，实现改善民生由保基本向提高居民生活质量、提高幸福指数转变，让人民群众实现学有优教、劳有多得、病有良医、老有善养、住有宜居的目标。

生态转型，实现由生态脆弱、污染严重、环境不佳的煤炭工业城市向环境友好、生态良好、市容美好城市转变，坚持建设与治理同步。以突出绿化、蓄水、治污为重点，启动了贺兰山东麓万亩生态林建设等绿化工程，加快星海湖、瀚泉海、惠泽湖、黄河金岸水系等湖泊湿地整理优化。广泛开展群众性精神文明创建活动,成功举办了第二届全国"黄河大合唱"邀请赛、"全国中老年回族舞蹈大赛"等活动,被确定为"中国舞蹈培训基地"。以争创全国文明城市为龙头,统筹推进国家森林城市、园林城市、卫生城市、环境保护模范城市"五城联创",城市文明程度进一步提升。

市委书记彭友东2012年10月16日接受《中国经济时报》记者专访时指出:石嘴山将做好"巩固、提升、攻坚"三篇文章。巩固"三类指标":进一步夯实基础、提高质量,确保实现程度始终保持在100%;遏制下滑指标,采取分类施策,确保全面快速增长;稳定动态指标,对容易出现波动的指标,采取综合措施,在发展中巩固,在巩固中发展。提升"五项水平":一是提升经济发展水平;二是提升居民收入水平;三是提升社会保障水平;四是提升统筹发展水平;五是提升社会管理水平。攻坚"三个短板":加快工业升级,加速改造传统产业,大力发展新兴产业,推进产业集群化发展,加大技术研发投入,提高自主创新能力,全面提升工业经济运行质量和效益,确保全市经济持续稳定增长;优化产业结构,做精一产、做强二产、做活三产,以环星海湖综合开发为龙头,重点提高第三产业和文化产业的比重及发展水平,促进三次产业健康协调发展;加强生态建设,着力构筑生态产业体系和生态屏障,加大节能减排和环境保护力度,关停取缔产能落后企业,推进资源节约集约利用,确保经济社会可持续发展。

石嘴山市,这个为宁夏经济社会发展作出重要贡献的功勋城市，转型聚集了工业基础好、科技力量强、生产要素集中、市民素质良好等优势，具备了率先发展的基础条件，对宁夏经济社会的影响力与日俱增。建设富裕和谐美丽新型工业化城市，石嘴山提出的提前3年在宁夏率先进入全面小康社会，为宁夏转变经济发展方式做出表率，这正是石嘴山人的自信和担当。

7 城乡发展日新月异

在日新月异的城乡建设中，石嘴山市高度重视生态环境保护工作。特别是进入21世纪以来，市委、市政府提出了"大力实施'产业对接、蓝天碧水和民心'三大工程，全面加快石嘴山现代化进程"的总体发展思路，把生态建设作为经济发展的第一承载力，围绕生态做产业、做城市、做民生，把大量荒地、荒漠建设成了大片的绿地，使湿地与城市、自然与文化、山水与旅游有机地结合起来。全市森林面积达191401.2公顷，占总面积的36%。先后续建扩建了大武口森林公园，建设了中华奇石山，对采煤沉陷区进行了综合整治，对星海湖湿地、黄河湿地平罗段和惠农段、镇朔湖湿地、瀚泉海湿地等进行抢救性恢复和治理。各项指标均达到了"国家森林城市评价指标"要求。

在城市建设的同时，坚持把"城乡统筹"作为加快经济转型、转变发展方式的一项战略重点，在西北地区率先高起点、高标准编制了《石嘴山市统筹城乡发展总体规划》。以建设全区统筹城乡示范区为目标，以推进农村综合配套改革为突破口，确立了"三集中、五统筹、一改革"的总体思路、"三步走"方针和"先行先试、抓点带面、整体推进"的工作方法，确定了7个市级统筹城乡发展试点和一批县区试点，每年安排2500万元专项资金用于统筹城乡试点工作。实施了路网、污水、供排水管网、农民住房安居工程等项目建设，探索建立了城乡土地置换利用机制；创新了城郊乡镇城乡一体化推进新模式，促进了公共资源向农村辐射；在全市乃至全区率先实现城乡居民医疗保险"无缝对接"。

在战略布局上，主动融入呼包银经济区和宁夏沿黄城市带战略，着力构建西部特色的山水园林新型工业城市、知名的奇石湖泊城市和宜居宜业的和谐幸福城市。在空间布局上，规划建设3个中心城市、3个中心城镇、6个重点城镇和60个农村大社区，形成以大带小、布局合理、功能互补、特色鲜明的"3366"城镇体系，出台了农民向市民转变暂行办法，建立健全农民进城保障体系。

在产业布局上，依托资源禀赋，按照循环经济和生态经济理念，重新调整4个省级工业园区、3个功能经济区产业定位和布局，促进生产要素向优势区域聚集，实现了优势互补、错位竞争、协调发展。在时间布局上，兼顾当前与长远、需要与可能，规划到2020年全市城镇化率达到75%以上，基本实现城乡一体化目标。

2012年12月7日，由新华社《瞭望东方周刊》、复旦大学公共绩效与信息化研究中心共同发起的"中国幸福城市社会管理创新最佳实践案例"在北京发布，全国共产生了200个入选方案。最终，石嘴山市荣获中国社会管理创新最佳实践案例奖，成为宁夏全区唯一拿到该大奖的地市。

今日石嘴山，已荣获"全国人居环境范例奖""全国水土保持生态环境建设示范城市""中国特色魅力城市200强"等多项城市荣誉。全市创建森林城市、卫生城市、园林城市、环保模范城市、全国文明城市"五城联创"建设，正如火如荼、方兴未艾。全市上下正以"紧紧围绕建设开放富裕和谐美丽的新型工业城市，在全区率先进入全面小康社会"为目标，推进全市经济社会科学发展、跨越发展。

四　建置沿革及历史名人

1　建置沿革

历史上，今石嘴山地区曾先后设立过平罗、新渠、宝丰、惠农、陶乐5个县级建置。其中平罗县是唯一一个从古至今保留下来的县级建置，距今已有288年历史。

平罗县

明永乐初平罗被称为"平虏"。当时汉族一般称"敌"为"虏"，故名"平虏"，意为"镇虏"。嘉靖三十年（1551）设"平虏守御千户所"，驻军抵御河套地区的蒙古部族。清代，因明王朝亦称满族为"东虏"，故将有"虏"之地名全部更改。清顺治元年（1644），"平虏所"便以其谐音改称"平罗所"，"平虏城"遂为"平罗城"。这是"平罗"地名的最早出现。

清乾隆三年（1738）平罗发生八级强烈地震，平罗城被震毁，城墙下陷2米多。乾隆四年（1739）重修，墙高8米，厚8米，顶宽5米左右，垛堞510个。南门更名为"永安门"，北门更名为"镇远门"，并建两层楼的城门楼2座，瓮城门楼2座，角楼4座，敌楼8座。南门里东侧、北门里西侧，各筑上城马路一道。城内建南北碓房2座，城周建宽16米、深2.5米的护城河。

清雍正二年（1724）十二月十二日，川陕总督年羹尧向雍正皇帝奏请："甘肃之河西各厅，自古皆为郡县，至明代始为卫所。今生齿繁庶，不减内地，宜改卫所为州县。改宁夏卫为宁夏府，其所属左卫改为宁夏县，右卫改为宁朔县，中卫改为中宁县，平罗所改为平罗县，灵寿所改为灵州，宁夏中路厅改为宁夏水利同知，西路厅应仍旧驻扎中卫以资弹压，俱隶宁夏府管辖。"（《清实录宁夏资料辑录》）雍正皇帝当即准奏，即日起平罗建县。民国承袭旧制，仍设平罗县。1949年9月平罗县解放，建立平罗县人民政府至今。

新渠、宝丰两县

清雍正年间，平罗县曾析置新渠、宝丰两县，先后存在了10余年，后为乾隆三年平罗八级大地震所毁。震后，朝廷裁撤了新渠、宝丰两县，将新渠县原辖的通宁、通朔、通贵、通昶及通吉5堡划归宁夏县（今银川市贺兰县），其余清水、通义、通福、通城、五香、六中等堡及宝丰县属各堡屯全部并入平罗县。

《大清一统志》和《清实录》记载：雍正二年原平罗所改为平罗县，隶属甘肃省宁夏府管辖。雍正四年（1726）二月，

1936 年的平罗县城南门

隆科多与甘肃巡抚石文焯奏称，宁夏北部现石嘴山地区适于开垦。于是，朝廷将隆科多、石文焯奏折并地图一并交与大理寺卿通智，命其同岳钟琪进行实地勘察。通智、岳钟琪实地察看后认为，自"察汉托辉"（蒙语）至石嘴子筑堤开渠，有地万顷，可以招民耕种。于是，当年七月开工修建惠农渠，历时近4年，至雍正七年（1729）五月完工。

由于惠农渠东南隅滩地广阔，水难泽及，通智又改六羊河为渠50余公里，以佐大渠（惠农渠）所不及。这条改河而成之渠名为昌润渠。惠、昌两渠开工后，通智从宁夏、宁朔等处招民垦荒，并奏请朝廷批准，在惠、昌两渠灌区内，增设新渠和宝丰两县。雍正五年（1727）设置新渠县（在今平罗县姚伏镇惠农渠西，田州塔南）；雍正七年设置宝丰县（在今平罗县宝丰镇）。县下设堡屯，与平罗县分治。南段以西河沟为界，北段自沙湖边墙起至王记口沟为界，东属新渠、宝丰两县，西为平罗县。

新建的新渠县城，周长2000米，城墙高近9米，设南北两门，城中建鼓楼1座，城周开挖护城河，宽2.3米，深2米。新增设的宝丰县城，在古省嵬城西偏南，即上省嵬堡地界。宝丰县城，周长2000多米，城墙高近9米，护城河宽2.3米。设南北两城门，南为广福门，北为贡宝门。建中心鼓楼1座，整个城池甚为壮观。据记载，"新渠、宝丰二县，雍正七、八年实垦田，共七百四十顷九十三亩"。至乾隆三年（1738），新渠县境域辖通吉、通义、通昶、清水、通宁、通朔、通贵等堡，宝丰县境域辖红岗、永润、柔远等堡。

新渠、宝丰两县为乾隆三年的平罗八级大地震所毁。据《中国地震资料年表》记载，乾隆三年（即公历1739年1月3日深夜）宁夏发生大地震，震中紧靠平罗县城，震级为八级，震中烈度达到十度以上，整个银川平原裂度在八度以上。据《宁夏府志》记载，这次大地震"地多斥裂，宽数尺或盈丈，黑水涌溢，其气皆热"，宁夏府城和平罗、宝丰、新渠等县城都被摧毁殆尽。乾隆四年三月，朝廷依钦差兵部右侍郎班第请奏"宁夏地震，所属新渠、宝丰率成冰海，不能建城筑堡，仍复旧规；请将二县裁汰；所有户口，从前原系招集宁夏、宁朔等乡民人，令其仍回原籍；有愿留佣工者，以工代赈，俟春融冻解，勘民可耕之地，设法安插，通渠概种"（《清实录宁夏资料辑录》）。就这样，新渠、宝丰两县从石嘴山大地上消失了。

惠农县

惠农县建于民国二十九年（1940），因清代开凿惠农渠得名。民国三十年（1941）四月一日，宁夏省政府将平罗县北部8个乡划出设县，县治宝丰镇。辖境包括当时的上宝闸、下宝闸、南长渠、北长渠、里西河、外西河、通润、通惠、惠北、双渠、西永润、东永润、灵沙、渠阳、永屏、庙台、下省嵬、上省嵬、渠中、通丰、东永固、西永固池、西永固、西宝池、万宝池、尾闸、市口27堡和聚宝、万宝、宝马3屯，以及王泉口沟以北的贺兰山区，建县时划分为8个乡47堡639甲。民国三十四年（1945），宁夏省政府在县境黄渠桥设置"第三区行政督察专员公署"，惠农县为辖县之一。

1949年9月26日，惠农县解放，县人民政府建立，将全县划为8区48乡。1954年10月15日，惠农县移治黄渠桥。1959年1月25日，惠农县移治石嘴山镇。1960年3月26日，惠农县第三届人民代表大会第二次会议与石嘴山市首届人民代表大会第一次会议合并举行，宣布国务院关于设立石嘴山市和撤销惠农县的决定。1987年1月23日，国务院批准撤销石嘴山市郊区，恢复惠农县建置。2003年12月，石嘴山市行政区划调整，撤销惠农县和石嘴山区，设立惠农区。

陶乐县

陶乐县位于市境东南部的黄河东岸、鄂尔多斯台地西缘，南北长98公里，东西宽7.5公里，东北与内蒙古鄂托克旗、乌海市、鄂托克前旗相连，南以明长城为界与灵武市毗邻，西滨黄河与银川郊区、贺兰县、平罗县和惠农县隔河相望，土地总面积909平方公里。

明、清时期，陶乐长期为内蒙古鄂尔多斯部牧地。蒙语将县境和黄河两岸的滩地统称为"察汉托辉（护）"，意为"白色的湾子"。此后，人们将"察汉托辉（护）"又称为"托护（勒）滩"。再后来，又音转为"陶乐湖滩"。清末民初为平罗县东永惠堡辖。建县时又简化为"陶乐"做县名。河西农民陆续前往垦荒，逐渐形成沿河东岸的垦殖区，形成一定的人口规模。

民国十三年（1924），绥远省主席马福祥建议设"沃野设治局"，派人到鄂旗大量开垦，并对以前租卖土地的农户进行行政管辖。这样，陶乐地区黄河东岸开垦面积达45平方公里。民国十七年（1928）宁夏设省后，就今陶乐县境归属与绥远省发生争端。民国十八年（1929）宁夏省在今县境置"宁夏省陶乐设治局"，治理河东新开垦土地，遭到绥远当局反对。绥远当局认为陶乐湖滩与五堆子系鄂托克旗辖境，应属绥远省范围，于民国十九年（1930）八月，绥远省将该地改为"绥远省沃野设治局"，五堆子地段正式划归绥远管辖。1937年抗日战争爆发，绥远沦陷，宁夏当局即将县境纳入版图，置"陶乐设治局"，辖境南起横城，北至王元地，长150

公里；东接鄂托克，西滨黄河，宽20公里，治所在今高仁镇。1941年7月17日，陶乐设治局升为县，辖2乡13个行政村。1945年，陶乐为宁夏第三区行政督察专员公署辖县之一。2003年12月石嘴山市行政区划调整，撤销陶乐县，将红崖子乡、高仁乡和马太沟镇划归平罗县，将月牙湖乡划归银川市兴庆区。

2 历史名人

文化知县徐保字

徐保字（生卒年月不详），字阮邻，浙江归安（今浙江省湖州市）人。他在清道光四至五年（1824~1825）和道光八年（1828）先后两次出任平罗县知事。为官三年，励精图治，脚踏实地，善做好事，为后人称颂。

道光四年，徐保字出任平罗县知事时，平罗尚无县志。面对"掌故残缺、文献寂寥"，"询之吏无可考据、咨之士无可商榷"的现状，他把编修县志视为上任后的第一要事，"探风问俗，随所见而笔之"，同时查阅《明一统志》《朔方志》《甘肃通志》等，核证摘录有关资料，历时三年，撰成《道光平罗纪略》。这是石嘴山市境内第一部地方志书。

《道光平罗纪略》共八卷，撰修总目分为象纬、舆地、古迹、建置、风俗、物产、水利、赋役、祠祭、职官、武卫、选举、人物、艺文、志异15个门类，74000字。这是一部用旧方志体裁记述平罗县境地理概貌、建置沿革、农耕物产、水利灌溉、风土人物等基本情况的官修县志,其内容虽简,但却是唯一用方志体裁记述平罗县方方面面的重要文献。

徐保字热心办学。他对平罗当地"社学久废,贫寒子弟无力读书,自暴自弃"的状况甚感痛惜,便崇尚前人"设家塾乡学"的做法,在平罗县城西南购置房屋开办"义学",并捐钱聘请教师,来校就读的学生达百余人。考虑到义学之长远,他又拿出自己的薪俸"三百串文,发当商生息,作每岁修脯"(把此钱存入当铺生利息,备义学使用)。为使平罗更多的人有机会读书,徐保字在任期间,又捐出薪俸"八百串文",在头闸、黄渠桥、石嘴山、虞祥堡、西河堡等地分设义学各一所,遂使平罗县的义学盛极一时。

徐保字卸任之后,仍热心于办义学之事,道光二十三年(1843),他先后捐出自己的"廉俸"及"公项钱"共1180千文,全部用于义学。徐保字办"义仓",助民度荒。他采取贫困户不捐粮、富裕户多捐的办法。灾荒之年,徐保字及时报奏朝廷,免征、少征遭受旱灾、雹灾农民的赋税,同时对绝收的农民借给籽种、口粮,帮助他们度过荒年。

徐保字主持改修渠道。在任期间,镇朔堡一带因上游"新济渠"有十多里的沟渠年久失修,被积沙堵塞,致使下游断流,大量农田长年浇灌不上水,附近农民怨声四起。徐保字经过查访,果断地决定开挖新渠,对占用农民的田地折价给予补偿。结果,"不数日新渠建成,灌流畅通",上下两堡民众均感满意。

徐保字擅长诗文，尤其是七言律句。《道光平罗纪略·艺文》收录其诗作八题十一首，大多以现实生活中的见闻为题材，有描绘平罗山川景物的，有反映民情疾苦的，抒发其为官一任造福一方的情怀。徐保字还喜爱撰写楹联，他曾为甘肃盐茶同知署作一副对联："回民汉民多是子民，我最爱民无异视；礼法刑法无非国法，尔须畏法莫重来。"鲜明地反映了他朴素的民族平等观念和法治思想。

徐保字深知为官之道在于为民，他关注黎民百姓的疾苦，尽力兴办各种公益事业，实在难能可贵。特别值得称道的是他编修县志之举，为石嘴山留下了一份弥足珍贵的平罗特定时期的县情史料。

清官俞德渊

俞德渊（1778~1835），字原培，祖籍安徽省无为县俞家村，号陶泉，又号默斋主人。

德渊幼年天资聪慧，勤奋刻苦，早年家境贫寒，父母节衣缩食，送德渊就读于本村和平罗兴平书院。他学习成绩优异，先考中了秀才。后于嘉庆十二年（1807）参加省试中举，嘉庆二十二年（1817）中进士，选入翰林院庶吉士散馆。道光初年，任江苏荆溪知县，不久调任长州知县。

俞德渊塑像

俞德渊在任期间，清正廉洁，甚得民心，后升任苏州督粮同知。道光六年（1826），江苏初行海运业务，德渊总揽其役，亲手制定了章程，工作成绩出色。道光八年（1828），德渊升任常州知府，旋调任江宁知府。

道光十年（1830），两淮盐务混乱，宣宗授陶澍为两江总督，命尚书王鼎、侍郎宝兴到江南主持改革盐法，与会众臣一般都主张"罢官商盐"，归盐场或盐户，由盐场或盐户纳税，俞德渊没有盲从，认为盐归盐场后产值额数难定，又不好稽查，会造成收税难的局面；而盐归盐户，不仅私煎容易拖欠，而且经不住天灾人祸，又不好管理。权衡利弊后，他认为还是仍实行官商盐，但需先定章程，重新清核签证，裁减浮加杂费。这样既不因新旧接替而停产，又不影响税收和各地用盐。这一正确意见被朝廷全部采纳，德渊遂被提升为两淮盐运使。

为了治理混乱的盐规，他接任后首先把原来由岸商私自贩运食盐改为派官吏督办，并实行在海运中严格稽查、核价，凡余利如数上交国库的制度，并很快形成了一整套切实可行的盐规、盐法，既提高了食盐产量，促进了盐运工作，又增加了国家的税收。

俞德渊虽在江南为官，但却十分关心家乡教育事业的发展。道光五年（1825），正值平罗知县徐保字兴修"又新书院"，他把省吃俭用积蓄下的300两银子从江苏寄来，捐给平罗县扩建"又新书院"。信中他勉励童生"立志大桓，品正察理"，告诫学子努力学习，以求上进。

俞德渊为官清廉，刚正不阿，美名传颂大江南北。他一贯秉公办事，不徇私情，尚书黄钺之子黄中民为盐场大使，欲得美职，德渊不允。德渊生活俭朴，其妻子、儿女亦行节俭，江南一些地区奢华的风俗也为之大变。两广总督林则徐称他"体用兼赅，表里如一"。两江总督陶澍也非常钦佩德渊的才干，曾多次向宣宗推荐"其才可大用"。宣宗也嘉奖德渊的才干，只是在将被重用时他突然患病，于道光十五年（1835）三月二十日逝世。

俞德渊逝世后，朝廷追授他为"中议大夫"，灵柩运回平罗葬于头闸南昌润渠畔。荆溪、常州及江宁地区的人民听到噩耗，无不痛哭流涕，纷纷请求为他建立祠堂，以示永远纪念。两江总督陶澍、两广总督林则徐及同僚共资助白银5万两，为俞德渊修建了祠堂。俞氏祠堂气势恢宏，惜今已不存。

另外，俞德渊著有《默斋存稿》《默斋公牍》，刊行于世，版藏关中书院。

义商郑万福

郑万福（1863~1936），字海峰，原籍山西省榆次县郑家村，出身于农民家庭。幼年随父外出，后在内蒙古鄂托克旗、包头等地谋生。

光绪二十七年（1901），郑万福妻兄张嘉荣主持石嘴山英商仁记洋行期间，把郑万福从磴口万家叫到洋行做"司秤"，后提升经管账目兼跑"外柜"。民国二年（1913），郑万福受石嘴山英记新泰兴洋行聘请任外庄老板，掌管购销大权，成为一名洋行要员。民国十二年（1923）洋行萧条，洋行在天津的总行委托郑万福和一刘姓老板为洋行代理人，负责收尾工作。郑万福通过接管洋行结尾清理工作，从中获得了一大笔钱财（据记载，当年仅新泰兴一家在各地欠收的账款就达70万~80万银元），为其日后的发展奠定了良好的经济基础。

郑万福有钱后致力于发展各项事业，先后在鄂托克旗、布音高、太音高和铁格素等地建牧场饲养繁殖牛、羊、马、骆驼等，羊最多时达7000~8000只；又在石嘴山河东白音陶亥一带开垦荒地，在黄河岸边修建水车，车水灌田；还在大后套（杭锦后旗）开荒地25顷。当时郑家垦荒种田计有5000~6000亩，每年收获粮食4000~5000石。除此之外，还承包经营察汗淖、纳林淖两处碱湖，建立了"大兴碱业公司"，其土碱年销量一度达到300万~400万斤，年收入达4万~5万元。在经营碱湖期间，因需煤炭熬土碱，故在石嘴子以北开挖煤窑，后又在汝箕沟黑头寨和大峰沟两处各开一煤窑，产业不断发展，家境日益富裕，成为当年宁夏北部最有实力的地方巨绅。民国五至六年间（1916~1917），郑万福大兴土木，修建占地面积6000多平方米的宅院，建造砖木结构的各式房屋100多间，取名"德荣堂"。

郑万福有钱但不敛财，非常热心兴办地方公益事业。1932年郑万福报请宁夏水利厅同意，拿出数千银元，在石嘴山惠农渠尾一带新修一渠，可浇地4000多亩，解决了那里200多户农民的种田用水和生活用水问题。他还多次捐款，帮助回民修建清真寺，资助地方修建寺庙等。郑万福还热心办教育，1931年他利用自家房屋筹建了一所学校，开办国文、地理、历史、英语等新课程，同时还资助石嘴山小学的办学经费。郑万福还经常做一些慈善救济事业，如放粮（施粥）、放钱等，救济灾民。

石嘴山地处水陆要冲，为宁夏北部重要门户，军政各界一些重要人物如冯玉祥、吴佩孚、门致中、吉鸿昌、孙殿英、九世班禅、马鸿逵等，在途经石嘴山时均受到郑的款待。冯玉祥"入甘援陕"期间，郑万福在石嘴山的宅第曾一度为冯部后勤供应处的站点之一，为部队购办粮草、蔬菜、烧柴、铺草等，给部队随行人员安排住房。后冯玉祥特任郑为"国民军联军总司令部参议"。在门致中、吉鸿昌、马鸿逵先后担任宁夏省主席期间，他们均委任郑为省府参议，因此当地人又称郑万福为"郑参议"。

1936年2月，郑万福因病逝世于石嘴山家中。郑万福是宁夏第一代民族资本家，为发展宁夏的近代工业作出过突出贡献。石嘴山地方之所以能成为宁夏近代工商业的摇篮，也与郑万福有一定的关系。

名医解克善

解克善（1901~1977），祖籍湖北省襄阳县（今襄樊老河口市）。解克善的祖父在清代湘军中任中医官，湘军左宗棠西征时随军来到西北，后落户于石嘴山，以行医为业。

解克善其父解宜川为名中医，解克善自幼从父学医，深谙中医之道，年轻时就开始给人看病。在实践中，他一方面虚心学习别人的专长，一方面刻苦钻研古代名医张仲景的《伤寒杂病论》《金匮要略》等名著，医学水平不断提高。在中医内科、妇科、儿科方面具有丰富的临床经验，特别擅长医治有关多发病和疑难病症，一些久治不愈的病人，经他治疗均得以康复。

新中国成立前，解克善在石嘴山镇开办"广兴玉"中药铺为人治病，他不但医术高明且医德高尚，乐善好施，遇有经济困难的患者总是先给看病，治病救人不收费用或少收费，故深受患者和群众的称颂。1954年，党对私营行业进行社会主义改造，他组织几家私人诊所成立中西医联合诊所，担任副所长，并将个人财产入股。这个诊所是市第一人民医院的前身。

解克善精心研究儿科，对医治小儿惊风，脾、胃病更有独到之处。他潜心钻研，掌握了我国传统的指纹诊法，验指察色，断病精准，深为患者称道。在医治小儿麻疹并发肺炎症方面，他使用"猴枣散"配以汤药服之，具有药到病除之效，挽救了不少幼儿的生命。

解克善酷爱祖国的中医事业，为之奋斗了60余年，成为著名的"解氏中医世家"的第三代传人，对继承和发扬我国的中医事业贡献出毕生精力。他还培养了不少中医徒弟，他的几个子女在他的教育和指导下，大多从事医务工作，大儿子解天同继承家传医学，成为解氏中医世家的第四代传人。

解克善曾先后被选为惠农县各界人民代表会委员、石嘴山市政协委员。1977年8月解克善病故，享年76岁。

五　人文古迹与现代景观

1 "活化石"四合木

在宁夏与内蒙古交界的石嘴山市惠农区麻黄沟一带，生长着1.5万亩强旱生蒺藜科落叶小灌木"四合木"。这就是石嘴山最具代表性的古老残遗、濒危、珍稀植物四合木，被誉为植物中的"活化石""大熊猫"。

四合木属仅含四合木一种植物，是中国特有的单型属。它的植物区系属于古地中海或古南大陆古老的孑遗植物，是阿拉善东缘的特有物种。四合木分布范围非常狭窄，在世界范围内零星散见于俄罗斯、乌克兰的部分地区，中国仅见于石嘴山麻黄沟及落石滩一带，是国家一级濒危保护植物。

孑遗植物四合木的起源，与贺兰山形成的历史背景有关。贺兰山最早隆起于白垩纪（距今约1.4亿年），长期处于海拔不高、波状起伏的准平原面，气候炎热干旱。当时贺兰山及西

四合木保护区

北广大地区具有亚热带疏林草原和半荒漠景观。至第三纪中、晚期（距今2600万年）受喜马拉雅造山运动的影响，贺兰山及其周围高山和高原强烈上升，并阻截了由季风环流带来的湿润空气，此时古地中海的逐渐西撤消失和全球性气温的下降，致使西北内陆大陆性气候进一步增强，出现了荒漠和半荒漠植被，某些古地中海区系的植物经过长期改造，进而适应并生存了下来，这就是贺兰山山麓及其周围地区现今常见的一些古老残遗植物成分，它们主要分布在贺兰山山麓及洪积扇地带，如四合木、沙冬青、霸王等孑遗植物。

四合木高50~90厘米，双数羽状复叶，对生和簇生于短枝上，小叶两枚，肉质，倒披针形，长3~8毫米，宽1~3毫米，顶端圆钝，具突尖，基部楔形，全缘，黄绿色，两面密被不规则的丁字毛，无柄，托叶膜质。花1～2朵生于短枝上，花瓣淡黄色或白色。果实为不开裂的蒴果，具四翅，种子矩圆状卵形，表面被小疣突起，无胚乳。它是中国温带荒漠植被的建群种，是超旱生小灌木。由四合木组成的草原化荒漠植被，宁夏仅小面积分布在北端石嘴山市落石滩洪积扇，海拔1100～1400米，向西通过贺兰山与狼山之间的缺口与内蒙古阿拉善的四合木荒漠相连。

四合木的生存环境特别严酷。气候十分干旱，日照强烈，年降水量小于190.4毫米，蒸发量大大超过降水量，干燥度大于4.99，夏季酷热，冬季寒冷，昼夜温差大；多大风沙尘暴，物理风化强烈。土壤为灰漠土，地下水位很深，地面有砾幂，砾石大小不等，部分砾石表面有黑色荒漠漆皮，土层薄，质地粗粝，缺乏有机质。在这种环境下生长，四合木经过长期的演变与发展而形成肉质叶小、叶和枝具有发达的保护组织和保护性的灰白色，根系多为浅根，并向水平方向发展的超旱生性质，以适应外部各种恶劣环境的超强能力。宁夏境内，由建群种四合木和优势种红砂组成四合木—红砂群丛，仅有一个群落。植物群落层片结构简单，植被稀疏。群落总覆盖度10%～15%，每100平方米有四合木24株，平均冠幅0.5×0.4平方米，株高26厘米；群落主要伴生种有沙生针茅、中亚细柄茅、无芒隐子草、草霸王、多根葱、卵穗苔、松叶猪毛菜、蜴果芥及丰富的一年生草本植物，还有极少量的荒漠锦鸡儿散生群落之中，也有一定数量草原成分植物的参与组成并形成层片，并有多种杂类草伴生，因而具有草原化荒漠的特征。此群落虽然植物稀疏、生物产量较低，却仍然是荒漠生态系统的核心，由一些适应荒漠生存环境的荒漠植物构成的荒漠植被，既是维护荒漠区域能量与物质运转的生命过程，又是防止风蚀流沙，遏制进一步荒漠化的因素，具有防风固沙、美化环境、科学研究的重要意义，在植物分类学及区系学的研究上具有重要的价值。同时，在生态环境的保护上也具有很大价值。

四合木荒漠植被由稀少的植物、极少的动物、贫乏的微生物生态环境组成，这种极其脆弱易受破坏的生态系统，必须慎重对待和维持，一旦盲目开垦，采掘荒漠植被，如砍伐作为燃料（四合木含有油脂），或作为饲料，过度放牧，就会引起风蚀和流沙。这些四合木荒漠植被，如不加以保护，大有灭绝的可能而使当地成为不毛之地。

孑遗植物沙冬青，也是一种单型属的豆科植物，分布于内蒙古西部及甘肃，产于宁夏固原须弥山、中卫、同心、灵武等县（市）；在贺兰山汝箕沟煤矿及大里湾、西侧峡子沟等海拔1400~1950米的山沟干河道两侧，常成片而生。多生于干旱山坡、固定沙丘及沙质地，潜水位较深。沙冬青是阿拉善荒漠特有的常绿灌木荒漠的建群种，是草原化荒漠地区的特有植被，是亚洲中部干旱植物区系中古老的第三纪残遗种，也是该区系中唯一的强旱生的常绿灌木。不仅具有重要的经济意义，而且具有一定的科研价值，已被列为国家三级重点保护植物。沙冬青枝叶可供药用，具有祛风湿、活血散瘀的效用，还可作杀虫剂，是极好的固沙、绿化荒丘的植物。

孑遗植物霸王，是极其稀疏的亚洲中部灌木荒漠的建群种，产于宁夏中卫及石嘴山等县（市）。在石炭井、汝箕沟、归德沟及镇木关等海拔1100~1950米处多有分布。生于干旱石质山坡、半固定沙丘或平铺沙地上。霸王为超旱生肉质叶，高70~150厘米，是典型的荒漠植物种，在荒漠地带成片生长。它是阻挡风沙、绿化荒漠的良好树种，根可药用，能行气散满，主治腹胀。该树种经常被砍伐用作燃料，故应引起有关部门的重视，并采取适当的措施，促进该种植物的生长繁殖，改变荒漠地带的植被景观。

2 贺兰岩画

早在北魏时期，我国著名地理学家郦道元就已经发现和记录了宁夏贺兰山和与之相邻的内蒙古阴山等地区的岩画。郦道元所著的山水地理著作《水经注》中记述，黄河流经浑怀障（今银川市兴庆区黄河东岸），"又东北历石崖山西"（在今平罗县境内）。注云："山石之上，自然有文，尽若虎、马之状，灿然成著，类似图焉。故亦谓之画石山也。"书中所谓"画石"就是"岩画"，也就是"贺兰山岩画"。直到公元20世纪80年代后，贺兰山岩画文化才真正引起世人关注。

贺兰山岩画形象地记录了先民们的生产和生活状况。现已在石嘴山市境内贺兰山北段的黑石峁、树林沟、西峰沟、韭菜沟、归德沟等处发现岩画2000余幅。1991年以来，又先后在市境贺兰山内多处发现岩画300多幅。其中1995年5~7月，在石炭井白芨沟两处发现彩色岩画24组105幅。

这些岩画展现了岩画凿刻者们的生产生活、原始信仰、风俗习惯、艺术审美观念以及那个时代的自然景观，是当时社会历史的真实记录。岩画以磨刻、敲凿、线刻的方法作用于岩壁、巨石上，画面最大宽2米，高1米，最小宽7厘米，高4厘米，题材多为动物、人形，不少岩画连续凿刻在数十米、100～200米长的石壁上，构成古代"百科全书"式的艺术"画廊"。岩画画面有狩猎、游牧生活及人物服饰、发辫及动物形象（有牛、羊、狗、马、驼、鹿、兔、狐、犀牛等）。其中数量最多的是羊，尤其是山羊，反映了羊在游牧生活中的重要作用。其中一幅《群山羊图》，高0.8米，宽0.64米，凿刻深度约1.5毫米，堪称贺兰山岩画的代表作。大西峰沟内的老虎岩画形神兼备，被自治区专家称为"国宝级"作品，是"断代之作"。贺兰山岩画的表现手法为单线凿刻，线条简练明确，有时还用夸张的手法表现山羊角大、身长的特色。除了动物岩画外，还有反映狩猎、放牧、骑射等经济生活内容的艺术作品，反映宗教生活的人面怪像、舞蹈图、祈祷图、天象、手足印等。贺兰山岩画中还有一些武具、械斗、首级等图像，反映了当时贺兰山地区战争的历史情况。所凿刻的武士手持的弓大多为长弓，反映了游牧民族的骑射生活。这些岩画艺术气息质朴豪放，是中华民族古老艺术宝库中的珍品。据专家分析，这批岩画最早可上溯到旧石器时代晚期。

贺兰山岩画的形成，是由贺兰山独特的自然条件、生态环境和历史人文地理等诸多因素决定的。在古代，贺兰山有着良好的自然环境，气候温和湿润，有茂密的森林和草原，山泉水源丰富，为古人类生存提供了良好的自然环境。

贺兰山的北段和中段东坡的一部分位于今石嘴山市，北至麻黄沟，南到西伏沟境内，山体走向呈东北—西南向。北段山幅宽60公里，海拔一般不超过2000米，山体主要由花岗岩组成，边缘有少量沉积岩，岩石物理风化严重。中段东坡由碎屑岩构成，因流水侵蚀作用，贺兰山东坡沟谷很多，石嘴山市境内较大的沟谷有大西风沟、小西风沟、大水沟、小水沟、汝箕沟、大风沟、归德沟、大武口沟、大王全沟、红果子沟、正谊关沟等30余条。贺兰山岩石坚硬不易风化，适合刻绘，为岩画创作提供了自然基础，不多的降水量减少了雨水对岩画的冲刷与侵蚀，使我们今日能清晰地看到许多画面的内容。

贺兰山山高林密，树木葱茏，高山气候阴凉，植被茂盛，野生动物众多，成群的马、马鹿、盘羊、青羊、岩羊、麝、蓝马鸡、石鸡等珍稀动物出没在密林深处，为贺兰山岩画提供了丰富的创作源泉。

优越的自然条件、特殊的地理位置，使得贺兰山自古以来就被我国北方的游牧民族称为"圣山"。在历史的长河中，水草丰美的贺兰山山麓成为古代北方游牧民族理想的驻牧地和狩猎地。两千多年来，先后有荤粥、鬼方、匈奴、突厥、吐谷浑、吐蕃、鲜卑、党项、蒙古等民族和部落在这里生活，他们的生活和生产活动为创作岩画提供了人文地理条件。

石嘴山市境内贺兰山岩画的分布，因自然条件的差异，可分为山地岩画和山前草原岩画两种类型。

山地岩画主要分布于贺兰山中北段，大武口区和平罗县境内，大多凿刻在深山腹地的山谷岩壁上，如黑石峁岩画，归德沟、白芨沟岩画；还有的分布于沟口两侧的沟崖上，如韭菜沟岩画、大西风沟岩画。山地岩画分布集中，岩画点周围地势相对开阔。画面大小有别，最大的有几平方米，最小的仅几平方厘米。

黑石峁岩画位于大武口区西北10余公里处，黑石峁是贺兰山小枣沟北侧的一个山头，海拔1432米，山头上大小石块质地坚硬，呈褐黑色，表皮细腻光滑，像涂抹了油彩，遍布山头，故名"黑石峁"，岩画凿刻于黑石上。黑石峁上的黑石头民间一说为天外来客"陨石"散落，一说为"外星人所为"。中央电视台《走遍中国》栏目曾报道过黑石峁这方神秘的岩画。黑石峁岩画被人们称为石嘴山市境最神秘诡异的岩画。岩画分布相对集中，主要内容为放牧、群鹿、双人舞、狼、狗等图形。岩画主要采用敲凿的方法，也有凿刻的，个别的采用划刻法。黑石峁岩画首次发现于1984年6月23日，共计59幅。最大的是第9幅"群羊图"，长1.23米，宽1.085米；最小的是第23幅，长8厘米，宽7厘米。黑石峁岩画已被宁夏回族自治区列入重点文物保护单位。

归德沟岩画位于大武口西南10余公里，南距韭菜沟1公里。岩画分布在沟谷两侧山坡的岩层上，南北绵延约1公里，共有岩画58幅，主要内容有马、狗、羊等，还有人物骑马出牧图和野鹿图等。岩画使用凿刻法。在岩画中有一些题记，如"大喜大吉""天坤有神地下人"等，据推测应与古代的巫术和占卜有关。因岩画面朝西向，故保存较差，有部分脱落或看

贺兰山黑石峁岩画

不清楚，图像粗糙且不规范。

白芨沟岩画位于白芨沟西口平罗县崇岗镇杏花村南 1 公里处，距汝箕沟 10 公里。它是贺兰山岩画中唯一的一处彩绘岩画，采用了南方岩画的涂绘方式。岩画以红色涂绘，计有 37 组 100 余幅。人物图像有征战的乘骑者和狩猎的猎人，动物形象有北山羊、蛇、狗等，有表现生殖崇拜和太阳崇拜的内容，还有手印、标志和符号。

大西风沟岩画位于平罗与贺兰两县交界处，距沟口约 15 公里处有西夏皇城遗址。岩画分布于沟谷两岸的石崖断壁上，绵延10公里,向阳坡的岩画数量较多,岩画分布于沟口、马场、东沟门子一带,内容主要是人面像、人物和动物等,闻名于世的野牛岩画就位于大西风沟内,岩画多为研磨而成。

韭菜沟岩画突出的特点是有虎的造型,且体态强健,身上饰有条纹状,为双勾刻线,另外有塔的造型。

山前草原岩画主要分布在贺兰山东麓洪积扇上的荒漠草原中。这里属于贺兰山洪积倾斜平原,地势较平缓,有冲沟分布,沟谷出口处有砾石堆积,植被稀疏,风蚀强烈。岩画凿刻在乱石丛中,或分布于山沟两侧的岩石上,岩画画面较小。这类岩画主要分布于贺兰山北段的大武口区和惠农区境内,如麦如井、翻石沟、大树林沟、小树林沟、红果子沟等地。据统计,这类岩画有上千幅,但由于采石的原因,数量有所减少。岩画内容以北山羊和马为主,其次有黄羊、岩羊、牛、骆驼、大雁、虎、狼、豹、人物和符号等。构图较简单,以单一型构图为主,组合图案较少。制作方法有磨刻和凿刻两种。

麦如井岩画是石嘴山市最北端的一个岩画点,位于惠农区以西10公里处,岩画刻制在黑色岩石上,岩画分布不均,朝向多数面南。其画面较小,多为个体图案,组合图案少。内容以动物居多,有马、北山羊、岩羊、野牛、狗、鹰等,也有少量人物和植物、符号图案。凿刻方法是敲击与划刻并用。

翻石沟岩画位于麦如井南侧3.5公里处,这里沟谷深邃,乱石广布。岩画分布相对集中而又杂乱无章,画面朝南的居多。个体画面较多,组合图案较少,内容有北山羊、岩羊、羚羊、马、牦牛、狗等动物。制作方法有敲凿和刻画两种,以敲凿为主。

大树林沟岩画位于大武口区西北约 25 公里，翻石沟南侧 1.4 公里处。岩画分布范围，北到贺兰山正义关口，南到贺兰山红果子的明代长城，南北延伸 5000 米。这批岩画分布面积广，主要分布在贺兰山山前洪积扇沟口外的乱石丛中，估计约有千幅以上，刻画的主要内容有鹿、羊、狗、驴以及人物狩猎等图形。采用敲凿和刻划法制作，以敲凿为主。

小树林沟岩画位于大树林沟南侧 500 米处，处于一狭窄的山谷中，岩画数量较少，内容有北山羊、岩羊和马等动物图案，尚有围猎图，猎人系有尾饰。岩画的凿刻方法与大树林沟岩画相似。

红果子沟位于惠农区西南 10 公里处，沟内有小片灌木，岩画分布于沟北侧的洪积扇上，数量较少，呈稀疏状，内容与树林沟岩画相似。

贺兰山岩画是用金属钝器凿刻的，构图方法是采用刻线勾画动物的轮廓，或进行通体雕凿，刻痕深浅不一，部分岩画又经砂磨，光洁平滑。岩画题材均取自古代放牧、狩猎及各类动物活动状况，刻画的形象逼真，艺术造型古朴粗犷，颇有自然之美。贺兰山森林植被历经人为和自然的破坏，较之古代森林面积已大减，而这些古老的岩画如实地记录了贺兰山历史上的自然生态和植被面貌，记录了古代北方游牧民族的生产方式、社会形态、生活习俗和宗教信仰等，为研究北方少数民族的发展史提供了极为珍贵的实物资料。

1988 年，黑石峁、树林沟岩画被宁夏回族自治区人民政府列为自治区重点文物保护单位。1996年,贺兰山岩画被国务院确定为全国重点文物保护单位。

贺兰山岩画是祖先留给我们的一份丰厚的文化遗产,吸引众多的国内外游客、专家、学者前来参观考察。1995年9月10日,国际岩画委员会主席埃·阿纳蒂一行27名国际岩画专家考察了黑石峁岩画;1996年1月,石嘴山市政府代表团出访日本滨田市,带去贺兰山岩画拓片20幅等礼品赠送给日方,受到日本专家及友人的欢迎。

3 长城烽燧

明代宁夏地处边陲,是九边重镇之一,而石嘴山则是宁夏镇北之门户,地理位置十分险要,曾设下重重关隘,建造起长城环卫,烽燧密布。

关隘

镇远关

《万历朔方新志》记载:"国初……开镇置镇远关,去平虏城北八十里,是宁夏北境极边之地。"由此可知,镇远关的修筑时间大致在洪武九年(1376),耿忠为指挥创立宁夏卫,地址在今惠农区西北约5公里地方的正义关沟口老关疙瘩处。《嘉靖宁夏新志》在"关隘"中也记载:"镇远关:在平虏城北八十里,实为宁夏北境极边之要地。关南五里,有黑山营,仓场皆备。弘治前,拨官军更番哨守,为平虏之遮。正德初,因各处征调轮拨不敷,遂弃之,致虏出没无忌,甚或旬月驻牧，滋平虏之患日深。镇远关自不能守，柳门等墩自不能瞭，平虏之势遂至孤立。"在《北路平虏城》中也记载："宁夏迤北旧有镇远关，关之东为黄河，关之西贺兰山尽头，山水相交，最为要地，以故设关防守，诚振古之见也。关之南五里，旧有黑山营，设有官军备御。黑山营之南七十里，设平虏城。关之西，沿贺兰山四十里，有打硙口，乃贼出入要地，有险可守。先年守筑三关，设立墩台防哨。东西联属，远迩观望，烽火严明，贼亦难入。至弘治以前多因极边地方，供饷不便，军多逃散，兵力寡弱，遂行废弃。黑山止有空营；镇远虽称有墩有军，相距平虏城百里之远，孤危难守，有名无实而已。"

根据上述记载，镇远关实为明代宁夏北部边境之门户。它既是明朝防御北方游牧民族的军事要冲，也是游牧民族入犯中原的必经之路。因其重要地位，所以附属的各类军事设施相对完善。

打硙口三关

《嘉靖宁夏新志》卷一"打硙"条记载："在平虏城西北。沿山诸口，虽通虏骑，尚有险可凭；北则惟打硙，南则惟赤木，旷衍无碍。打硙旧有三关，自正德五年（1510）以来，渐至颓圮。"嘉靖十年（1531），弃之不守。打硙口三关关墙遗址经勘察认定，头道关在平汝铁路线一号桥处；二道关在二号桥处。这两道关墙今已不复存在。三道关在清水沟与大武口沟交汇处，紧靠田刺窝窝片头的山根。关墙在海拔1325米的小山头上，是扼守大武口沟和清水沟的咽喉要道。关墙遗址尚存，关墙南北长120米，东西宽30米，城门向东。

北关门

明嘉靖十年,由齐之鸾管理修筑的"边防北关门墙",即大武口长城上筑有两道关门。齐之鸾在《朔方天堑北关门记》中写道:"为关门二,东曰'平虏',中曰'镇北'。其上皆为堂,若干楹。其下各增城三面,为二堡,周遭里百二十余步,徙旧威镇并镇北堡军实之。"经实地勘察和走访,确定东暗门(平虏)在铁路东,中暗门(镇北)在潮湖农场西水管所处。贺兰山隘口是宁夏平原西部的天然屏障,自古以来多为华夷的界山,明代也是蒙汉控制区的分界线。400余里的山脉,有许多天然的山谷贯通前后山,成为贺兰山的军事口隘,其中可通车马的大口有30余处。明代北路平虏城分守的贺兰山隘口有:滚钟、黄峡、水吉、镇北、白寺、宿嵬、贺兰、新开、塔峡、西番、大水、小水、汝箕、小凤、大凤、归德、打硙口,共17个。每个隘口中间或口门都筑有关墙,屯兵把守。清代平罗营分管的贺兰山隘口有:石嘴子口、镇远关口、红果子口、王泉口、打硙口、枣儿口、镇北关口、韭菜口、归德口,共9个关隘。

营堡

明代营堡临山堡,旧址在今石嘴山市大武口区西南原珍珠岩厂。石城子,旧址在今大武口沟口汽车站西面的高台子上。尧甫堡,亦称"姚福堡",后称"姚伏堡",旧址在今平罗县姚伏镇唐徕渠西侧。周澄堡,后称"周城堡",旧址在今平罗县周城乡周城三队。威镇堡,旧址在今平罗县高庄乡幸福村五队;明嘉靖九年(1530)弃旧堡建新堡,仍名威镇,旧址在今平罗县二闸乡威镇九队。镇朔堡，旧址在今下庙乡镇朔六队。

黑山营以黑山而得名，位于镇远关南2.5公里，明正德初随着镇远关的废弃而废弃。《大明一统志》记载：黑山营，永乐元年（1403）建。因此，它的建置迟于镇远关。清代储大文在《贺兰山口记》中记载："平罗西（北）八十五里之黑山为贺兰山尾，形如虎踞，扼隘饮河，而山前又有黑水以限之。"正义关沟口上方一座烽火台恰好从大山头的众多支脉上，鹤立鸡群般地显露出来，狼烟若起兵马即动，可起先敌制胜之效。石城东面则居高临下，视野开阔直至黄河之滨，军队活动可尽收眼底。黑山营的原址，恰在此处，可见其设立和选址，是经过极其细致的勘察的，与镇远关互为呼应，能起到预警和克敌之功效。

长城

宁夏自古就是我国北部边防前哨，是中原农业文明和北方游牧文明交融碰撞的交会处，向称"关中屏障，河陇噤喉"。秦、汉、明等王朝都在这里修筑过长城，今石嘴山境内存留的古长城遗址，均为明代所筑。明朝称长城为"边墙"。在宁夏修筑边墙始于成化八至九年（1472～1473），其间先后筑有东边墙、西边墙、北边墙和陶乐长堤以及固原旧边等主干塞防，全长约3000里。在今石嘴山市境内主要有旧北长城，包括河西段（又称"红果子长城"）和河东段（又称"陶乐长堤"）。在旧北长城弃守后，又重筑新北长城，又称"边防北关门墙"，统称"大武口长城"。

贺兰山明长城

旧北长城,俗称"红果子长城",为护卫宁夏镇北大门和平虏城(今平罗)而建。建于明洪武至弘治年间(1368~1505)。明《万历朔方新志》载,"北长城三十里,自西向东接黄河",指的就是旧北长城。其西起贺兰山扁沟,东抵黄河西岸,全长10余公里。在弘治年间(1488~1505)还派兵驻守。到正德初因兵源不足,粮运困难,遂放弃不守。从此,外部势力便开始入侵扰乱。《九边考》记载:"宁夏北,贺兰山黄河之间,外有旧边墙一道。嘉靖十年于内复修边墙一道,官军遂弃外边不守,以致内地田地荒芜。""外有旧边墙一道",指的就是旧北长城。这段长城自扁沟至小墩湾,原石嘴山市第四中学处,墙虽塌圮,但遗址尚存，有些地段墙高现存3.5米以上。自扁沟门下约1500米处，由于地震造成长城上下错位1.5米，水平错位1.45米。位于石嘴山市第四中学至黄河西岸段的旧北长城，由于垦种而遗迹不存。

旧北长城河东段，俗称"陶乐长堤"。自旧北长城的终点（黄河西岸）越过黄河，在陶乐境内沿黄河南下，到达横城大边（即东长城），这是一道非正式的长城。据《九边考》载："（嘉靖）十五年……于外边对岸外筑长堤一道，顺河直抵横城大边墙，以截套虏自东过河，以入宁夏之路。"这就是陶乐县境内的长城。它起于黄河东岸内蒙古巴音陶亥，与黄河西岸"旧北长城"的终点遥遥相对，南经都思兔河，进入陶乐县境，沿黄河南下到"横城大边"（即东长城）。它南北纵贯陶乐县境，因不属于正式的长城，所以叫做"长堤"。现在的平罗县高仁镇（即红旗乡驻地）尚有遗迹。

新北长城，明朝称"边防北关门墙"，俗称"大武口长城"。这道长城是嘉靖八年（1529），兵部尚书王琼实地勘察并上疏皇帝批准后，命佥事齐之鸾修筑的。在明正德初，镇远关、黑山营弃之不守，"致虏出没无忌，甚或旬月驻牧，滋平虏之势遂孤"。当时任宁夏佥事、督储的齐之鸾上书兵部尚书王琼："不早图之，将延入心腹，夏岂能久？宜河东城燧，河西营垒，固守之耳。"王琼于嘉靖八年亲临勘察之后，上书朝廷修筑新墙。皇帝批准后，命齐之鸾修筑新墙，巡按御史朱观推荐提升齐之鸾为按察副使，主持修筑新墙事宜。嘉靖九年十月开始筹备工作。嘉靖十年三月十五日动工，七月底竣工。东起沙湖（在威镇堡西），西至贺兰山枣儿沟，全长17.5公里，作为边防线，命名"镇北关"。墙高、厚各6.67米，外墙开挖城河，深、宽各5米。城墙上筑有暗门，东曰"平房关"，中曰"镇北关"。两关在关门里建月城，其城约150米见方，关门上建有哨房。整个长城建敌台4座，燧台8座，各驻兵20人防守，城上靠外沿建有掩体垛堞，用以避身和眺望敌情，如遇敌人攻城时可下视射击。在贺兰山脚下长城内侧，修城堡一座，名为"临山堡"，驻军防守。北长城东至黄河约2.5公里的地段，修筑沟墙，墙高、厚各5米，沟深、宽各3米。这道长城的修筑，对于稳定石嘴山区边境局势有积极的作用，史称"宁夏河山如故，扼塞之险一新"。这道边墙，至今遗址尚存。其走向自石嘴山市大武口村西贺兰山半山腰起向东行，过包兰铁路、简泉农场机砖厂，到二闸乡惠威村，再折向东北，经高庄乡幸福村南侧至金星村，以东再无痕迹。其中大武口村东1公里处保存较为完好，墙高约8米，基宽12米，顶宽3.5米。北长城于1985年11月9日被确定为平罗县人民政府重点文物保护单位。

西长城，古称"边防西关门墙"。明弘治元年（1488）前修筑。西长城自甘肃省靖远县卢沟界进入宁夏中卫县境，逾黄河向东北沿贺兰山东麓北上，历经中宁、青铜峡、永宁、银川、贺兰等县市，由贺兰山西峰口进入平罗县境内，向北延伸到韭菜沟入石嘴山市大武口境，到扁沟与旧北长城相接。西峰沟、大水沟、小水沟、干沟、汝箕沟、小风沟、大风沟、归德沟、韭菜沟等山沟断断续续均残存有长城痕迹。其中大水沟入山1.5公里处有土筑长城一段,自沟北山腰伸向沟中,长约250米,高5米,底宽8米左右,顶宽4.1米,女儿墙1.5~2米,厚25厘米,这段长城保存较好。还有大风沟进沟4公里处的沟北山梁上有两段不同结构的长城,一段利用山势,将山梁西侧削成直壁为长城,长约900米;另一段是土筑,墙高4.2米,顶宽3.5米,底宽约9米,长100米。石嘴山境内的西长城有两个显著的特点:其一,地形选择得好,并非一道完整的长城,而是断断续续地在各大沟内筑起短墙,起到了连接贺兰山这道天然屏障的作用。同时,这些短墙大多建在进沟1.5~4公里的地方,这里一面是悬崖陡壁,高达百余米,人马无法攀登。另一面的山梁突然伸向沟中,与对面山崖形成峡谷,只要在这山梁之上筑起敌台或短墙,便可成为一道"一夫当关,万夫莫开"的坚固防御体。其二,施工合理。西长城的修筑者们充分利用了山梁的地势,凡山势险峻的地方,则不动工;凡山势坡度较缓之地,则将山梁的外侧削成陡壁。只有在山势坦缓的地方,才筑以短墙或墩台,这样大大节省了人力、财力,缩短了施工时间,起到了事半功倍之效。西长城于2001年7月1日立碑,定为石嘴山市人民政府重点文物保护单位。

烽燧

烽燧,也称墩台、烟台、烽堠、墩堠、烽火台、狼烟台等。烽火台的使用规定,历代各不相同。按明代军制,"合设烟墩,并看守堠夫,务必时加提调整点,须要广积秆草,昼夜轮流看望。遇有警急,昼则举烟,夜则举火,接递通报,毋致损坏，有误军情声息……传报得宜寇敌者，准其功，违者处以军法"，"今边堠举烽火台放烽炮，若见敌一二人至百余人，举放一烽一炮；五百人二烽二炮；千人以上三烽三炮；五千人以上四烽四炮；万人以上五烽五炮"。据《嘉靖宁夏新志》记载，宁夏左屯卫领烽堠53座，即宁朔、常胜、武定、打硇外口、打硇里口、小枣儿沟、镇北、威远、韭菜口、归德外口、归德中口、归德里口、大风外口、大风里口、小风口、宁靖、西番口、塔峡口、贺兰口、卢沟子、官音湖、淮安、独树儿、新兴、新筑、沙壑子、高渠梢、平湖、罗哥渠、雷家岗、白滩、沙井、镇平、德胜（以上34墩，镇城堡拨军守瞭），汝箕外口、汝箕中口、桃柴口、安定、大水口、小水口、暖泉儿、李家渠、窑湾、擒沙湖（以上10墩，镇朔堡拨军守瞭），镇夷、永兴、宁武、平房、靖夷、黑滩、沙湖、尖塔儿、蒋达沙窝（以上9墩，威镇堡拨军守瞭）。从以上烽堠的名称和排列次序看，基本上是沿贺兰山各口从北向南排列，其中后面所列的19墩又居于镇朔堡和威镇堡，均在今平罗县境内。同书《北路平房城》记载："平房为宁夏北路，领威镇堡，自镇城以北堡屯皆属之"，领烽堠13座，即镇宁、柳门儿、瓦窑、双谷堆、望远、宁朔（以上6墩，俱宁夏卫拨军守瞭），打硇外口、打硇里口、韭菜沟、归德里口、归德中口、归德外口、枣儿沟（以上7墩，俱左卫拨军守瞭）。从以上烽堠的名称和管辖范围看，前6墩应在宁夏府城以北，后7墩则是前左屯卫烽堠的重复。另《平罗县志·军事防务设施》称："明代北路平房营管辖的烽火台共有82座，洪广营管辖的烽火台共有73

座，总计为155座。"因其名称和上述烽火台的名称都相吻合，故略。可见明代石嘴山地区烽火台布局之密，至今仍是随处可见。

4 沙湖景区

石嘴山最富盛名的旅游景区，当属国家5A级景区沙湖景区。沙湖景区位于平罗县西南前进农场，包兰铁路、109国道傍湖而过，石中高速公路直达游区，南距自治区首府银川46公里。

1989年8月14日，自治区主席白立忱在前进农场调研时，发现农场渔湖集湖泊、芦苇、沙漠于一体，风光独特，决定将其开发为"沙湖旅游区"。次年农场成立沙湖旅游区管理处，后改为沙湖旅游公司，与农场脱钩，单独核算。1991年6月19日，国家主席江泽民到沙湖视察，题写了"沙湖"二字。此后，党和国家领导人习近平、胡锦涛、李鹏、朱镕基、李瑞环、钱其琛、李铁映、邹家华、姜春云、田纪云等同志在宁夏考察工作期间，均先后到沙湖视察。

沙湖旅游区总面积80.10平方公里，湖水面积22.4平方公里，平均水深2.2米，沙漠面积12.7平方公里，湿地沼泽44.8平方公里。旅游区湖泊、沙丘、远山、芦苇、飞鸟、游鱼六大要素有机结合，融"江南水乡"与"大漠风光"于一体。万顷湖泊，碧波粼粼，湖光山色，相映成趣；千亩苇丛簇簇翠绿，万亩荷花碧绿衬红；鱼翔浅底，鹤冲九霄，湖中小岛百鸟集会，胜似江南；3万亩浩瀚大漠依水而生，金灿耀眼，尽现北国大漠雄浑、壮观、苍劲之风情。被游人誉为"沙漠绿洲""塞上明珠"，有外国游客称其为中国乃至世界奇中有特、特中有奇、美不胜收的王牌景观。

沙湖景区

沙湖生态旅游区以其独特的旅游资源和优越的接待条件，已成为西北地区集风景游览、观光娱乐、体育竞技、疗养避暑、休闲度假、旅游购物、生物观赏、养殖生产于一体的生态旅游区。1992年在国家旅游局首次举办的"92友好观光年"大型旅游活动中，沙湖被列为全国249处国家级旅游线之一；在"93中国山水风光年"活动中，与湖南武陵风景区、海南天涯海角风景区、华山风景区等5处全国风景区一起被推向海外旅游市场；1994年被国家旅游局列为全国35处王牌旅游景点之一；2000年被中央精神文明办公室、国家建设部、国家旅游局确定为"全国文明旅游风景区"；2001年1月被国家旅游局首批评定为4A级景区，同年，又顺利通过了中国进出口质量中心ISO9001及ISO14001两项国际认证；2006年，被中央文明办、国家旅游局、建设部授予创建全国文明景区先进工作单位；2007年，被国家旅游局首批评定为5A级旅游景区。"沙湖"这颗璀璨的塞上明珠还以其独特秀美的自然风光跻身国内旅游景区的五奇、五秀、五美、二十胜行列之中。

5 星海湖

星海湖位于石嘴山市大武口区东侧，贺兰山东麓山前洪积倾斜平原的下边缘，地处市区最低点，为历史上古沙湖遗址。总规划面积43平方公里。据《明实录》《嘉靖宁夏新志》《平罗县志》《石嘴山市志》《古今石嘴山》《当代石嘴山简史》等史志书籍的相关记载，早在明代嘉靖年间，这里就有一个古沙湖。

星海湖是在原已萎缩的天然湖泊湿地的基础上进行抢救性保护和合理利用的一项集防洪蓄洪、水资源综合利用、湿地保护、城市环境整治等于一体的综合性工程，是银川平原"七十二连湖"水系的重要组成部分，是石嘴山市城中之湖，该项目以保护和改善湿地资源为切入口，以完善防洪工程设施、提高防洪功能、改善区域生态环境为宗旨，是一次充分利用资源优势实现生态效益、社会效益、经济效益的有益尝试。

截至 2013 年年底，星海湖已建设成为集拦洪、蓄水、调节气候、生态园林景观、水产种养殖于一体的城市标志性工程。如今，星海湖已在远山、近水、苇荡、鸟群、绿岛五大景点的基础上，建成南沙海、新月海、鹤翔谷、百鸟鸣、白鹭洲、鹿儿岛六大自然景区，造型各异的自然沙岛巧然天成，错落有致地分布于苇蒲茂盛、荡漾碧水的湖中，沙鸥翔集，野鸭成群，鸟类繁多，芦苇苍翠，蒲草纤莲，清波幽静，大漠风光与江南秀丽浑然天成。

星海湖

6 中华奇石山

石嘴山中华奇石山是全国观赏石博览基地，这是利用大武口发电厂粉煤灰场旧址建设起来的,是化腐朽为神奇的生态建设产物。

中华奇石山原为大武口发电厂一号粉煤灰场,经过20多年的强排放,形成了占地1平方公里、粉煤灰堆积物总量达1100万立方米、高出地平面13米的粉煤灰山。综合治理前污水横流,刮风扬尘,影响市容,成为大武口地区的主要污染源。为了建设独具特色的山水园林新型工业化城市,市委、市政府经过反复论证,于2006年3月15日决定利用粉煤灰场建设中华奇石山。

历史上,石嘴山市就因"山石突出如嘴"而得名,与奇石之缘源远流长。近年来,市委、市政府高度重视奇石文化产业发展,决定把奇石产业建设融入城市园林建设中,通过以"一山(中华奇石山)、两线(山水大道和沙湖大道两条城市主要通道)、多点(各大公园、街头绿地、休闲广场为主体的奇石景观节点)"为布局,构建园林奇石之城。

中华奇石山规划设计了山东费县石、安徽灵璧石及宁夏贺兰山石3个石林区,规划建设了世界名人园、民族之花园、民族大团结园、石嘴山精神文化园、英雄楷模园和中国著名军事家、政治家、教育家及科学家园等9个雕塑园,摆放人物雕像237个,以及36根擎天柱、36方碑刻;建设古文化园、诗词园、规矩园、岩画园4处石文化园,摆放文碑175块;建设了32个来自全国各省市奇石簇团,采购国内各类园林奇石品种46个,达600余块;建设亭、阁等园林小品9处,绿化面积1360亩,栽植各类乔木3.2万株,灌木33万穴,草花12万平方米。另外，还利用地形建湖面53亩，建景观桥1座。如今，中华奇石山的功能日趋完善，已形成了三季有花、四季常青、怪石争奇、环境优美的生态景观，是广大市民和游客赏石、观石、休闲旅游的好去处。

值得一提的是，2006年9月，挪威埃肯碳素集团董事长海格·奥森一行到石嘴山市考察，时任市委书记杨春光向奥森表达了希望与挪威一座城市结为友好城市的愿望，奥森当场表示要赠送一块挪威特有的黑色花岗岩给石嘴山市。2007年3月20日，由埃肯碳素（中国）有限公司赠送的一块产自挪威的"北极石"坐轮船、乘汽车，漂洋过海历时1个月终于落户星海湖中华奇石山，这是星海湖中华奇石山上第一块来自海外的奇石。这块深褐色的"北极石"高3米，重16.7吨，是产自北极圈内的一种很有名的黑色花岗岩，为奇石山增添了神奇景观。

在着力打造"中华奇石城，魅力石嘴山"工作中，石嘴山市还提出了以"奇石文化搭台，经济发展唱戏""以石为媒，促进发展"的理念。每年财政投入1000多万元，带动社会融资1000多万元，组织相关部门赴奇石主要产地考察采购园林奇石，使全国26个省（区、市）46个品种的园林奇石会聚石嘴山。如今，全市已聚集各类奇石1万余块，其中外省（区、市）的奇石1000多块，极大地丰富了石嘴山的奇石种类，成了名副其实的"石嘴山"。

2008年，中央电视台《倾国倾城·最值得向世界介绍的中国名城》大型电视活动"石嘴山城市日"主题晚会在石嘴山中华奇石山上举办,进一步扩大了石嘴山中华奇石山的知名度。2010年8月上旬,在北京召开的2010年度"中国观赏石之乡(城)、观赏石基地"评审会上,石嘴山市申报的中华奇石山全票通过评审,获得"中国观赏石基地"称号。

7 北武当生态旅游景区

石嘴山市北武当生态旅游景区位于大武口区贺兰山东麓洪积扇上,距市区3公里,是一处集山、林、庙、地质遗址等为一体的综合性旅游景区。景区由北武当寺庙区、森林公园、归德沟、韭菜沟、贺兰山生态博物馆、贺兰山地质公园、明长城、烽燧、关隘、战备防空设施等多个旅游景点组成。

北武当庙(寿佛寺)

位于大武口区西3公里的贺兰山东麓北武当山,为宁夏回族自治区重点文物保护单位。它坐西向东,依山而建,总占地面积近2万多平方米,是一座雄伟、壮观的四进四合院式古式建筑群组合。中轴线上主建筑从前至后有山门楼、灵宫殿、观音楼、无量殿、多宝塔、大佛殿、藏经楼。山门楼高约9米,观音楼高约10米,均为两层歇山建筑。多宝塔高耸于无量殿和大佛殿之间,是一座高约20米、造型古朴的五层楼阁式砖塔。主建筑两侧有钟楼、鼓楼、厢房(寮房)、五番殿对称等距而建。整个院落建筑群体布局自然,错落相间。

寺庙内殿宇楼阁,伟岸庄严,原供奉有神佛塑像60尊,木刻像3尊,铜像50尊,瓷像10尊。诸塑像神态各异,栩栩如生。大佛殿等殿宇四壁，原绘有飞天、护法神，亦千姿百态，形象逼真。寺庙外山门楼两侧，各有殿宇一座，左为准提殿，亦称眼光殿；右为药师殿，也叫百子殿。这里峰峦簇拥，环境优美，百年老树，苍劲挺拔。树下有甘洌清泉，即所谓"九泉"，被列为"平罗大景"之一，号为"北寺清泉"。站在山门前，可极目远眺黄河北去，俯瞰石嘴山市大武口街区，楼房崛起，绿阴如染，一座新兴的现代化城市，尽收眼底。

北武当庙

《新建北武当庙碑》载：北武当庙为清康熙四十八年（1709）由洪广营三宝居士郑惠及宁夏城周兆熊等人协力捐资募款，在一座小庙基础上扩建而成，因供奉真武大帝石像，故称为"武当庙"。又为了与湖北省之武当庙相区别，故加一"北"字，称为"北武当庙"。后又几经扩建。清光绪年间，北武当庙僧人广煜修学北京，经潭柘寺方丈引见，敬请常来潭柘寺进香的慈禧太后为北武当庙钦书"北武当护国寿佛禅寺"白绢条幅，自此北武当庙又名寿佛寺。左宗棠等人也曾为之亲笔题字作画，使之声誉大振，远近闻名。清《道光平罗纪略》有关北武当山庙会记载："四月望，男妇乘骑烧香武当山，曰'朝山'。七月望，九月九皆然，蒙古人多。"每逢农历四月初八、七月十五、八月十五、九月初九为北武当庙会期，各地前来朝山拜佛的蒙藏满汉等民族的善男信女数万人云集于此，盛况空前。

"文革"中，北武当庙遭到严重破坏，幸有中国人民解放军部队曾一度进驻，殿宇楼阁等建筑才得以保存。1978年党的十一届三中全会以后，北武当庙被列为宗教开放寺庙，并恢复了每年农历四月初八、七月十五、八月十五、九月初九的四次传统庙会。国家又先后拨专款对寺庙内建筑进行维修和重加彩绘，并重新塑造诸神佛像。2001年10月1日，是为石嘴山北武当庙重建300周年纪念日，遂举办了为期5天的"石嘴山市文化旅游节"。来自石嘴山域内和陕西、甘肃、内蒙古及宁夏银川、银南等地的游人香客络绎不绝，高峰日乃十万人以上。

北武当庙无量殿前的西厢里，陈列着对寿佛寺有过较大贡献的圆寂者的事迹，其中悼念续早的居多。续早（释融远）在生前系中国佛教协会理事，是宁夏参加中国佛教协会的唯一理事，在宁夏佛教事业发展中有较大影响。他晚年写的《寿佛寺简历》，是关于这座寺庙较为完备的文字资料。

韭菜沟

位于武当庙后,为贺兰山的一条原始沟谷,全长5公里多。从武当庙至韭菜沟口,蜿蜒着一条过去驻山部队修建的公路可通往景区。进入沟谷,四面环山,清凉幽静,水草丰美,沿途奇山怪石遍布,随日光和角度的不同而给人呈现出变幻万千的视觉形象:但见"天门洞开"处"天梯栈道"悬于绝壁,"山神巡游""雄狮修炼""神龟观天""力士探险"。再往前走,"山熊徐步"相迎,"野牛悬壁"静观,"鳄鱼惊魂"群起,"巨驼昂首"绝现……近山远山处处有景,景景相连,天然绝成,美不胜收。一股清澈的山泉自峡谷尽头的峭壁石缝涌出,蜿蜒于沟内,汩汩流淌,泠泠作响,天然矿泉,甘爽宜人。树下小憩、听泉、赏景、吃酒、观天,但见山高、水清、天蓝、云白……心中劳尘顿消,精神为之一振,惬意油然而生。

归德沟

位于石嘴山市境内的贺兰山归德沟,在整个贺兰山脉系中有着得天独厚的优势,地质结构明显独特,沟内主要有"四景一泉",即古长城烽火台景区、归德沟岩画群保护区、钻洞沟自然风景区、沙窑田园景区、芨芨滩山水泉。这些"景"和"泉"形成了一条亮丽的风景线,是贺兰山的一大美景奇观,尤其是钻洞沟自然风景区内的各种景点别具一格,有"仙鹤峰""望夕狮""十三潭""七仙洞""蛤蟆峰""灰鹤窝""仙人洞""神龟潭""七棵柏"等景点,有各种美丽的传说,有清冽可口的山泉水。

贺兰山地质公园

2004年以来，石嘴山市组织自治区和国家相关专家，在市境归德沟、小渠子沟、韭菜沟等33平方公里范围内进行了地质构造的综合考察，提出了《关于在石嘴山建立国家地质公园的建议书》《贺兰山归德沟—韭菜沟峰峡公园综合考察报告》《宁夏贺兰山北武当地质公园综合考察报告》《宁夏贺兰山北武当地质公园总体规划》《宁夏贺兰山北武当地质公园建设实施方案及公园地质博物馆建设内容方案》《宁夏贺兰山北武当地质遗迹保护项目立项建议书》《宁夏贺兰山北武当地质公园导游手册》《国家级地质公园申报书》等，在银川召开专家评审会。2006年2月28日，自治区国土资源厅批准建立"宁夏贺兰山北武当地质公园"，这是宁夏第一个自治区级地质公园。园区位于大武口贺兰山北部，面积68.8平方公里。园区内地质遗迹发育集中且露头好，地貌景观、地史遗迹、水文景观丰富，以地质构造形迹及丹霞地貌等为主要特色，其类型、内容及规模等在中国西北地区具有一定的典型性。通过对园区地质、构造及地貌等成因、发育与演化的研究，可对中国北方的古地理、古气候等古环境的研究提供重要的科学佐证，为区域地质研究提供重要的地质科学依据，具有较高的地质科学价值和美学观赏价值。

北武当生态旅游景区是石嘴山人历经十年，持之以恒地在北武当生态旅游区种植各类植被，才使昔日乱石横生、风吹沙飞的贺兰山洪积扇变成了葱葱绿洲。该景区于2009年12月被评为国家3A级旅游景区，荣获"中国人居环境范例奖"，年接待游客50多万人次，生态效益和社会效益日益凸显。

史话编辑部

主　　任　宋月华

副 主 任　黄　丹　杨春花　于占杰

成　　员（以姓氏笔画为序）
　　　　　　王　和　王玉霞　刘　丹　孙以年
　　　　　　连凌云　范明礼　周志宽　高世瑜

行政助理　苏运才

图书在版编目（CIP）数据

石嘴山史话/彭友东主编.—北京：社会科学文献出版社，2014.7
（中国史话）
ISBN 978-7-5097-5468-9

Ⅰ.①石… Ⅱ.①彭… Ⅲ.①石嘴山市－地方史 Ⅳ.①K294.33

中国版本图书馆 CIP 数据核字（2013）第 311482 号

"十二五"国家重点图书出版规划项目

中国史话·社会系列
石嘴山史话

主　　编／彭友东

出 版 人／谢寿光
出 版 者／社会科学文献出版社
地　　址／北京市西城区北三环中路甲29号院3号楼华龙大厦
邮政编码／100029

责任部门／人文分社（010）59367215　　责任编辑／黄　丹
电子信箱／shihua@ssap.cn　　　　　　　责任校对／刘　阳
项目统筹／宋月华　谢　安　　　　　　　责任印制／岳　阳
经　　销／社会科学文献出版社定制出版中心（010）59366509
　　　　　59366498
读者服务／读者服务中心（010）59367028

印　　装／北京鹏润伟业印刷有限公司
开　　本／889mm×1194mm　1/32　　印　　张／5.125
版　　次／2014年7月第1版　　　　　字　　数／150千字
印　　次／2014年7月第1次印刷
书　　号／ISBN 978-7-5097-5468-9
定　　价／25.00元

本书如有破损、缺页、装订错误，请与本社读者服务中心联系更换
▲ 版权所有　翻印必究